뚱보 학교의 뚱뚱보들

웅진주니어

초등 과학이 술술 웅진 과학 동화

뚱보 학교의 뚱뚱보들

초판 1쇄 발행 2010년 11월 1일 | 초판 4쇄 발행 2020년 3월 2일
글 양남 외 | 옮김 국제문화 그림 신은경 외 | 감수 이진구
발행인 이재진 | 도서개발실장 조현경 | 편집인 이화정 | 편집주간 송재우 | 편집 온오프
디자인 디자인아이 | 마케팅 이현은, 정지운, 양윤석, 김미정 | 제작 신홍섭

펴낸곳 (주)웅진씽크빅
주소 경기도 파주시 회동길 20 (우)10881
주문전화 02)3670-1191, 031)956-7325, 7065 | 팩스 031)949-0817 | 내용문의 031)956-7403
홈페이지 wjbooks.co.kr/WJBooks/Junior | 블로그 wj_junior.blog.me | 페이스북 facebook.com/wjbook | 트위터 @wjbooks
인스타그램 @woongjin_junior | 출판신고 1980년 3월 29일 제406-2007-00046호 | 제조국 대한민국

글 ⓒ국제문화 1992, 2010   그림 ⓒ웅진씽크빅 2010
ISBN 978-89-01-11340-1 74400 / 978-89-01-10748-6 (세트)
(저작권자와 맺은 특약에 따라 검인을 생략합니다.)

웅진주니어는 (주)웅진씽크빅의 유아·아동·청소년 도서 브랜드입니다.
이 책은 저작권법에 따라 보호받는 저작물이므로 무단전재와 무단복제를 금지하며,
이 책 내용의 전부 또는 일부를 이용하려면 반드시 저작권자와 ㈜웅진씽크빅의 서면 동의를 받아야 합니다.
이 도서의 국립중앙도서관 출판예정도서목록(CIP)은 서지정보유통지원시스템(http://seoji.nl.go.kr)과
국가자료종합목록시스템(http://www.nl.go.kr/kolisnet)에서 이용하실 수 있습니다. (CIP: 2010003721)

잘못 만들어진 책은 바꾸어 드립니다.
※주의 1_책 모서리가 날카로워 다칠 수 있으니 사람을 향해 던지거나 떨어뜨리지 마십시오. 2_보관 시 직사광선이나 습기 찬 곳은 피해 주십시오.
웅진주니어는 환경을 위해 콩기름 잉크를 사용합니다.

뚱보 학교의 뚱뚱보들

웅진주니어

 머리말

여러분은 거미나 개미 같은 벌레를 보면 어떤 생각이 드나요?

귀엽나요? 아니면 징그럽다고 생각하나요?

아마 귀엽다고 생각하기보다는 징그럽다고 멀찍이 도망가는 친구들이 더 많을 거예요.

요즘은 사람이 자연과 멀어져서 그런 생각을 하게 되었을 거예요.

느끼지 못해서 그렇지 사실 우리는 수많은 생물들과 함께 살고 있어요. 학교 운동장에 가 보세요. 가만히 귀 기울이면 새들이 지저귀는 소리가 들릴 거예요. 또 곳곳에 있는 꽃들과 나무들은 쑥쑥 자라서 꽃을 피우고 열매를 맺어요. 작은 연못 속에도 눈에는 잘 보이지 않지만 여러 가지 생물들이 살지요.

이 책은 생물들이 어떤 모습으로 어떻게 지혜롭게 사는지,

동화로 꾸민 작품들을 담았어요.

중국 과학 동화집 가운데 재미있는 작품들만 골랐지요.

우리 몸에서부터 태양계까지 어떤 비밀이 있는지, 우리 생활 구석구석
숨어 있는 과학 원리는 무엇인지 동화 속에 녹아 있어요.
과학을 좋아하는 친구들은 물론이고 과학은 딱딱하고 어렵다고 생각하는
친구들도 재미를 느낄 수 있게 말이에요.
그러면 꼬물거리는 벌레도 친구 같은 생각이 들지 않을까요?
자, 그럼 우리 몸과 태양계에 숨어 있는 비밀을 살펴볼까요?

 잠깐, 얘기해 둘 것이 있어요. 이 책은 사실과 다른 부분이 있어요.
이를테면 동물들끼리 이야기를 나눈다거나 동물이 음식을 익혀서 먹는 거예요.
작가 선생님들이 좀 더 재미있게 이야기하기 위해서 상상해서 쓴 것이랍니다.

차 례

머리말 … 4

차례 … 6

누구를 탓할쏘냐?(정연혜) … 8

사람 몸속을 여행하는 수박씨(왕금란) … 18

소화 기관 • 에너지를 만들어요 … 26

뚱보 학교의 뚱뚱보들(양남) … 28

뚱보 영웅이 되고픈 뚱뚱보들(양남) … 38

이빨 빠진 호랑이(빙자) … 46

음식과 건강 • 건강해지는 음식을 먹어요 ⋯ 52

손오공과 돌원숭이(혜홍) ⋯ 54

아기 기러기 우체부가 편지의 주인을 찾고 있어요(호상) ⋯ 64

지구의 자원 • 땅속은 자원의 보물 창고예요 ⋯ 72

지구를 버린 태양(독일 동화) ⋯ 74

달님의 얼굴(혜홍) ⋯ 84

태풍이 휴가를 떠났어요(엽선) ⋯ 88

해와 달 • 낮에는 해, 밤에는 달 ⋯ 96

숙제 도우미 ⋯ 98

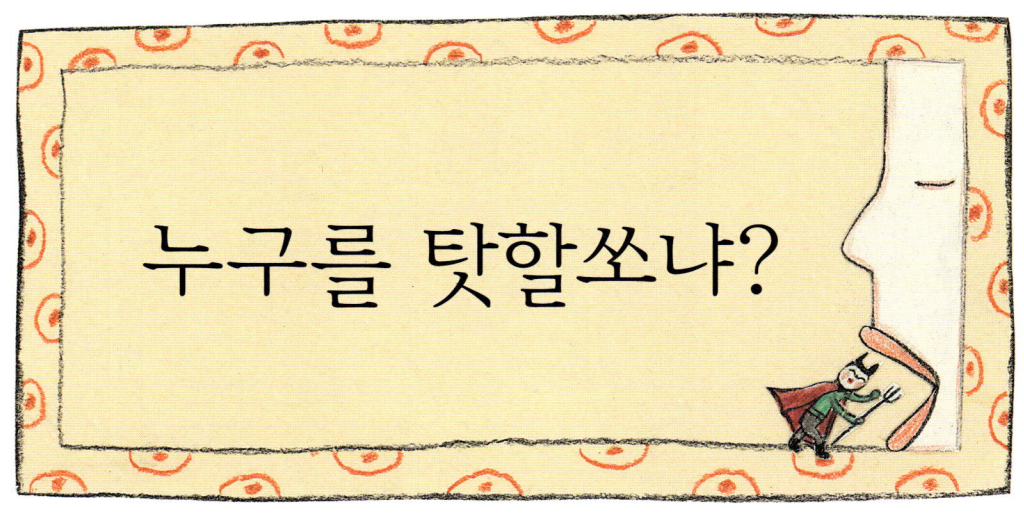

누구를 탓할쏘냐?

머리가 둥글고 몸통은 막대처럼 생긴 나쁜 세균들 한 떼가
큰창자 속으로 몰래 침투했습니다.
그들은 은밀하게 주위 환경을 살펴본 뒤, 한자리에 모여
쑥덕거리기 시작했습니다.
"얼마나 좋은 환경인가! 이곳은 따뜻하고 습기도 많은 데다가
끔찍한 산성 물질도 없으니."

한 세균이 흥분한 얼굴로 큰창자를 칭찬하자,
다른 세균이 말했습니다.
"이곳은 작은창자보다는 영양분이 좀 적긴 하지만,
그래도 우리 모두가 먹고 남을 만큼 넉넉한 편이야.
이제 우리 모두 여기에 살면서 자자손손 부귀영화를
누려 보자!"
나머지 세균들이 한목소리로 찬성했습니다.
그들은 제 집 안방이라도 되는 듯이 매끄럽고 부드러운
큰창자의 벽에 착 달라붙어서 큰창자의 영양분을
마구 먹어 치우기 시작했습니다.
순식간에 그들의 수는 하나가 둘이 되고,
둘이 넷, 넷이 여덟이 되면서 급속히 불어났고,
그들의 몸에서는 끊임없이 독이 뿜어져
나왔습니다.
이때까지만 해도 큰창자는 평소와 다름없이
흥겹게 일을 하고 있었습니다.

몸의 경호원 백혈구 용사들이 오늘도 어김없이 큰창자 안을 돌아보고 있습니다.

그들은 모양이 잘 변하는 물렁물렁한 다리를 휘적휘적 내저으며 큰창자의 벽 구석구석을 꼼꼼히 살피고 다녔습니다.

갑자기 한 백혈구가 이상한 냄새를 맡고 얼른 창을 겨누며 날카롭게 외쳤습니다.

"서라! 너희는 누구냐?"

백혈구의 눈에 띈 막대 세균들은 대답 대신 고약한 독가스를 백혈구에게 내뿜었습니다.

'앗! 이놈들은 사람 몸속으로 숨어 들어온 적군이구나.'

대번에 알아차린 백혈구는 조금도 물러서지 않고 물렁 다리를 내뻗어 세균을 붙잡아 꿀꺽 집어삼켜 버렸습니다.

이 백혈구가 보낸 신호를 듣고 근처에 있던 백혈구 동료들도 우르르 몰려왔습니다.

백혈구 용사들과 막대 세균들 사이에 한바탕 싸움이 벌어졌습니다.

하지만 수가 훨씬 많은 막대 세균들의 엄청난 독가스 공격 앞에

백혈구 용사들은 하나둘 쓰러졌습니다.
백혈구들의 시체에서 나온 물질이 대뇌에 긴급 경고를
보냈습니다.
"큰창자 벽에서 수많은 세균을 발견했음. 백혈구 경호대가
나가 싸웠지만 다치고 죽은 용사가 많으니 급히 지원 바람."
경보를 들은 대뇌는 곧바로 몸속 구석구석에 있는 백혈구
부대에게 빨리 모이라는 명령을 내리고, 골수에서 백혈구
용사들을 더 많이 만들어 큰창자로 보내라고 했습니다.
막대 세균들은 끊임없이 큰창자를 점령하며 기세를 올리고
있었고, 큰창자의 벽은 그들의 무자비한 공격으로

피가 나기 시작했습니다.

백혈구 군대가 큰창자에 자꾸자꾸 몰려와 세균들과 치열하게 싸웠습니다.

백혈구도 세균도 수없이 죽었습니다.

죽은 백혈구들과 막대 세균들이 한데 엉겨 고름이 되었습니다.

그러는 동안, 큰창자의 주인인 뽀식이는 시도 때도 없이 설사를 했고, 똥에는 고름과 피가 섞여 나왔습니다.

막대 세균들이 내뿜은 독이 뽀식이의 핏줄 속으로 침입하자, 뽀식이는 걸핏하면 구역질을 하고, 팔다리에 힘이 없고, 높은 열에 시달렸습니다.

몸속 구석구석에서 달려온 백혈구들은 죽은 백혈구들을 넘고 넘어 앞으로 또 앞으로 계속 나아가며 용감무쌍하게 싸웠지만, 큰창자에서는 막대 세균들이 여전히 더 강했습니다.

마침내 뽀식이는 병에 걸린 것을 깨닫고 병원으로 갔습니다.

의사 선생님은 뽀식이의 똥을 검사한 뒤, 고개를 끄덕이며
말씀하셨습니다.
"똥에 세균이 있구나. 막대 모양의 세균인데, 그놈들이
큰창자에 들어가서 못된 짓을 하고 있어서 네 배가 아픈 거야."
의사 선생님은 배탈에 좋은 약을 뽀식이에게 지어 주셨습니다.
뽀식이 몸속에 들어간 배탈약이 백혈구들과 힘을 합쳐
막대 세균들을 공격하자, 막대 세균들은 금세 몰리기
시작했습니다. 이때를 놓치지 않고 총공격을 한 백혈구들은
물렁 다리로 세균들을 붙잡아 한 무리씩 먹어 치워 버렸습니다.
마침내 백혈구 군대가 이겼습니다.
비록 병은 나았지만, 그사이에 뽀식이는
몰라보게 여위고 쇠약해졌습니다.

뽀식이가 이렇게 고생한 것은 도대체 누구 때문일까요?
대뇌가 큰창자에게 물었습니다.
"큰창자야, 막대 세균이 어떻게 너한테 오게 되었지?"
큰창자가 대답했습니다.
"그것은 위가 길목을 지키지 않았기 때문입니다.
위는 위산으로 이질균(막대 세균)을 모조리 잡아 죽여야
하는데, 그렇게 하지 않았습니다."
대뇌가 위에게 물었습니다.
"위야, 위산을 뿜어 내서 병균을 모조리 죽이는 것이
네 임무인데, 어찌하여 병균이 몰래 빠져나가 큰창자에
들어가도록 내버려 두었느냐?"
위가 대답했습니다.
"그건 입에게 물어봐야 합니다. 파리가 기어 다닌 더러운
음식물과 끓이지 않은 물을 입이 함부로 먹는 바람에
엄청나게 많은 병균들이 저에게 쏟아져 들어왔습니다.
제가 뿜어내는 위산으로는 도저히 그 많은 병균들을
다 해치울 수가 없었어요."

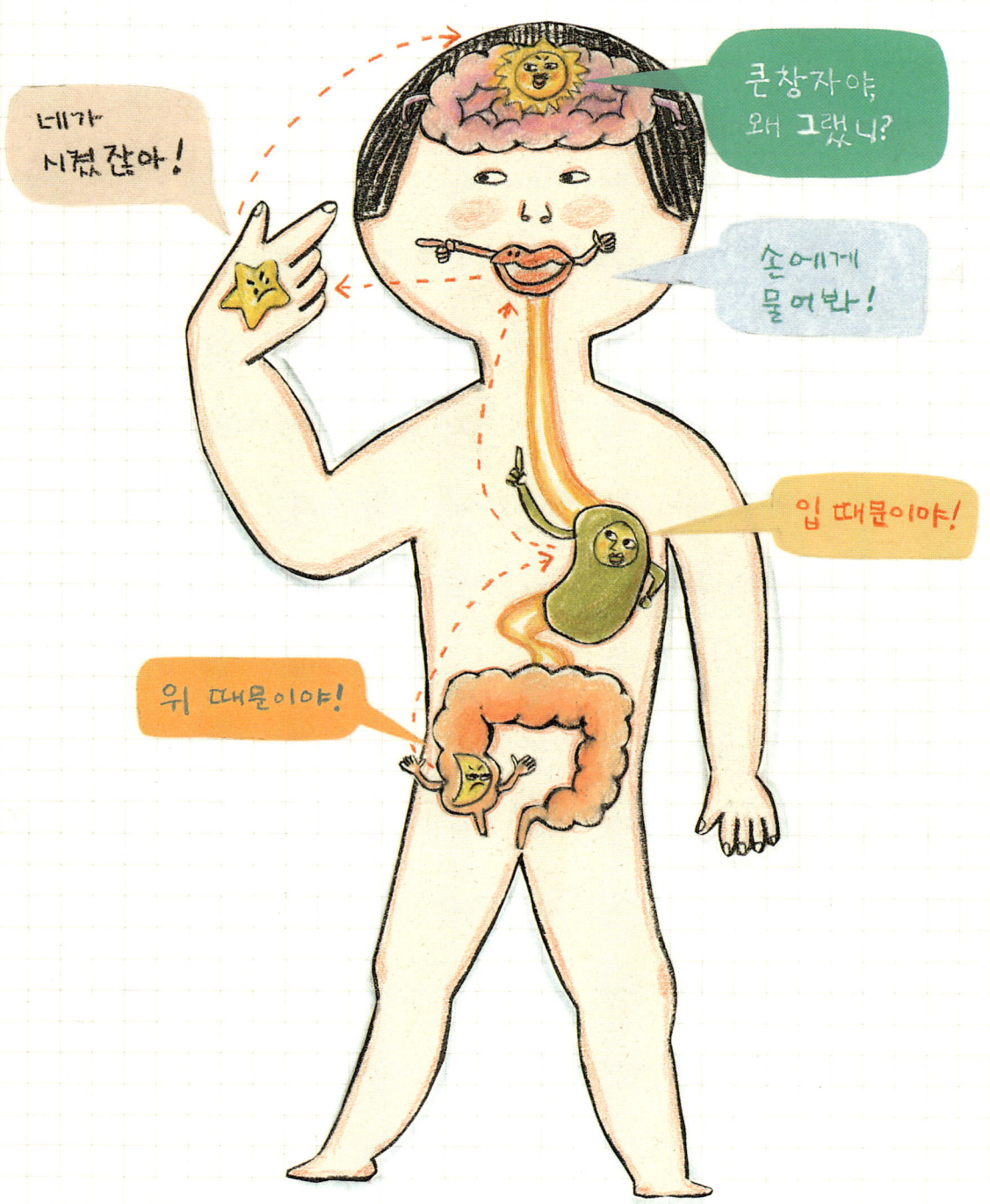

대뇌가 입에게 물었습니다.

"입아, 너는 왜 더러운 음식물을 마구 집어삼켰느냐?"

입이 대답했습니다.

"저야 그저 손이 저에게 집어 넣어 준 것을 삼켰을 뿐인데요."

대뇌가 다시 손에게 묻자, 손은 억울하다는 듯이 퉁명스럽게 대답했습니다.

"대뇌 사령관님, 그 질문은 오히려 사령관님 자신에게 해야 할 것입니다. 저는 당신의 명령을 따랐을 뿐이니까요. 당신은 저를 항상 깨끗이 씻게 하지 않고 지저분한 상태로 내버려 두었을 뿐만 아니라, 먹을 것만 보면 저더러 닥치는 대로 입속에 집어 넣으라고 시키지 않았습니까? 그래 놓고 어찌 병균에 오염된 음식물을 집어 넣지 않기를 바랄 수 있단 말입니까?"

손의 매서운 비판을 듣고 잠시 깊은 생각을 하던 대뇌는 괴로워하며 말했습니다.

"맞아, 이 모두가 내 책임이야. 결국 내가 잘못해

몸 전체를 커다란 고통 속에 빠뜨린 거야.
그래, 이번 일을 거울삼아 앞으로는
언제나 깨끗하게 살도록 약속할게."

사람 몸속을 여행하는 수박씨

나는 별로 잘생기지 못한 수박씨랍니다.
한여름 밤, 한 아기가 수박을 허겁지겁 먹다가 그만 나까지 꿀꺽 삼켜 버리고 말았어요.
나는 천천히 아기 입에서 식도로 미끄러져 들어갔지요.
내가 일부러 그런 것은 아니지만 결국 나는 사람의 몸속을 여행하게 된 거예요.

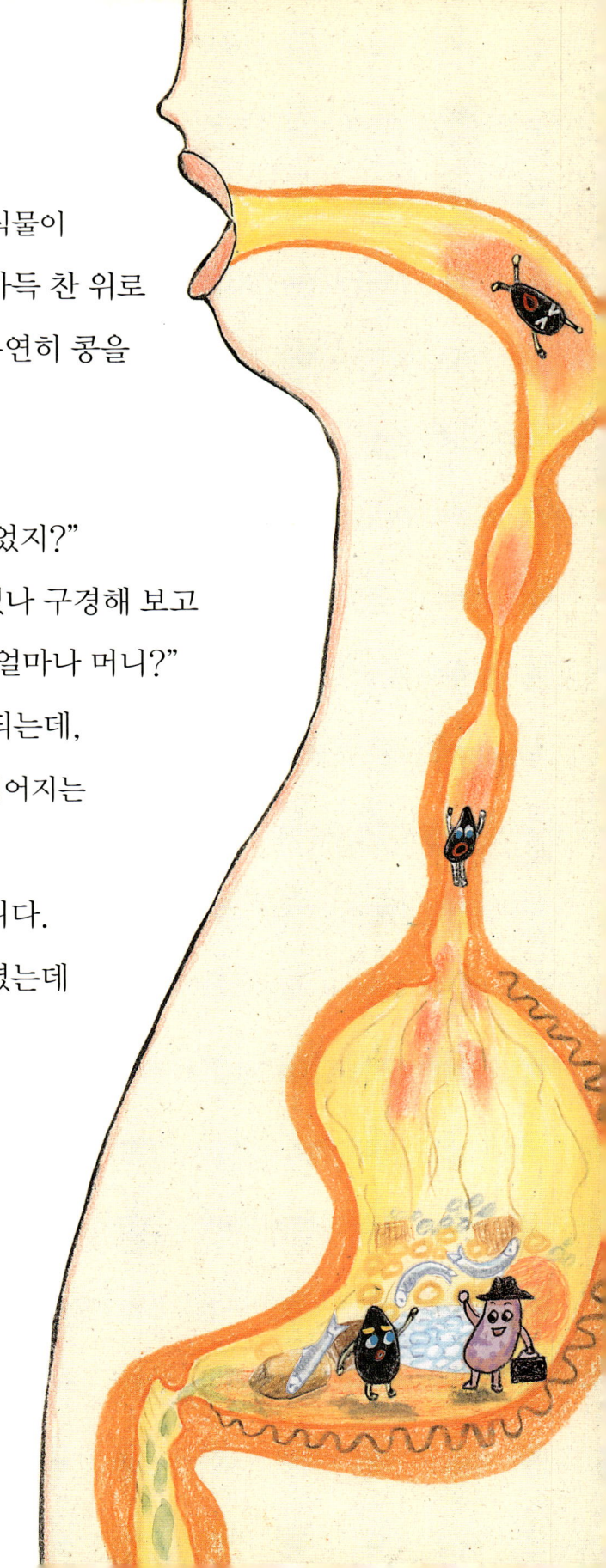

나는 가장 먼저 분문(위에서 음식물이
들어가는 문)을 지나 음식물이 가득 찬 위로
들어가게 되었는데 그곳에서 우연히 콩을
만났습니다.
"아니, 너는 수박씨 아니니?
네가 어떻게 여기까지 올 수 있었지?"
"응, 사람의 몸속이 어떻게 생겼나 구경해 보고
싶어서 왔어. 여기서 장까지는 얼마나 머니?"
"멀지 않아. 문 하나만 지나면 되는데,
그 문은 유문(위와 십이지장이 이어지는
부분)이라고 해."
콩은 나에게 길을 알려 주었습니다.
유문을 나서자 길은 점점 좁아졌는데
더욱 참기 어려웠던 것은
이 '꼬불꼬불한 길'이 잠시도
쉬지 않고 요동을 치며 고기랑
생선이랑 밥을 죽처럼

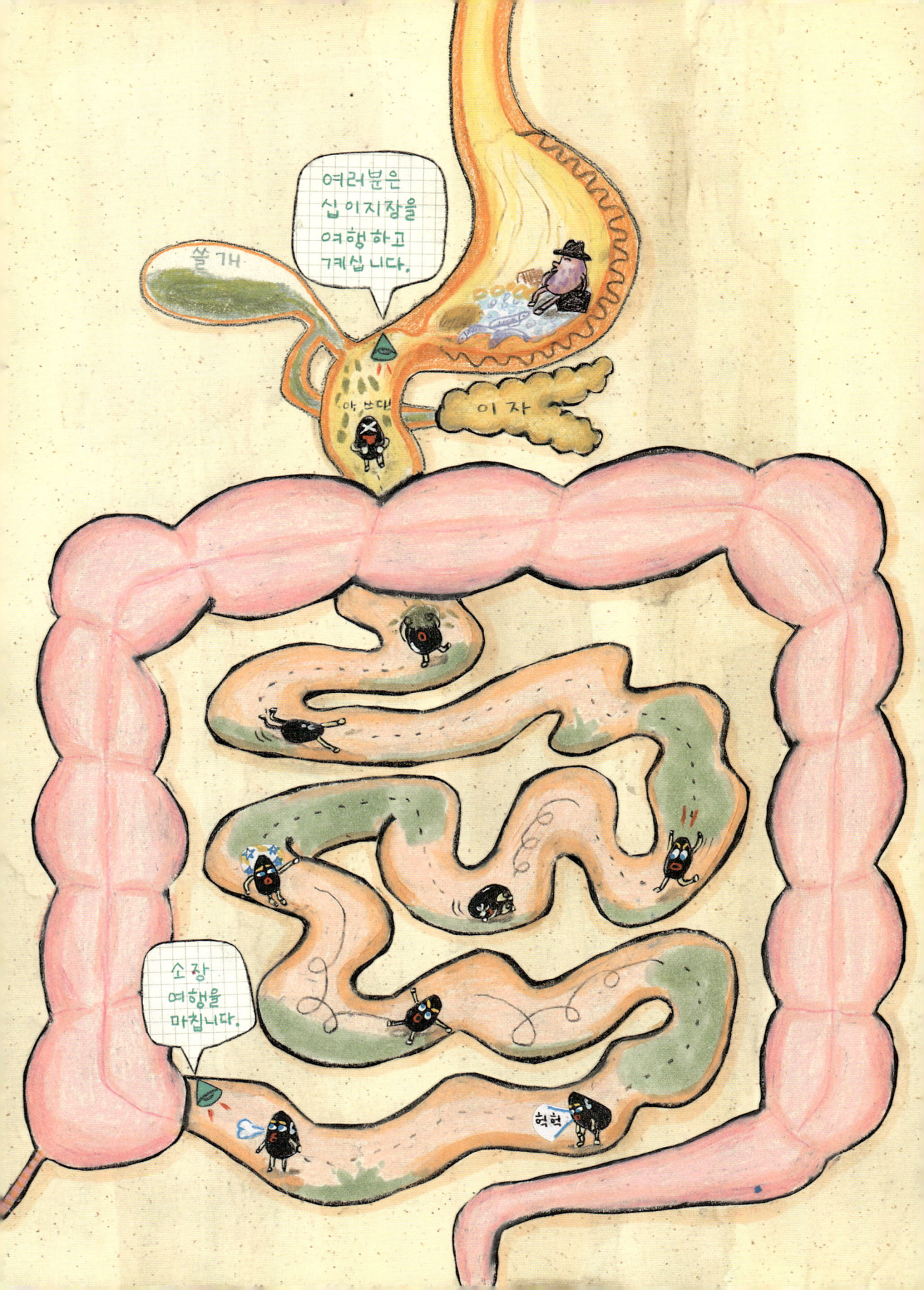

뒤섞어 놓는 것이었습니다.

그때 멀리서 안내 방송이 들려왔습니다.

"여행객 여러분! 여러분은 지금 십이지장을 여행하고 계십니다. 십이지장은 소장(작은창자)이 시작되는 부분이랍니다."

아, 이곳이 바로 십이지장이로구나.

간신히 몇 발자국을 걸어 십이지장을 빠져나오니 눈앞에 나타난 길은 조금 전보다 훨씬 꼬불꼬불하고 진동도 더 심한 데다, 벽에서는 쓸개즙을 비롯해 여러 가지 액체들이 나오는 것이었습니다.

나는 뼈가 다 녹아내릴 것 같은 고통을 참느라 마구 뒹굴 수밖에 없었어요.

사실 이곳 소장 안에 있는 공장(빈창자)과 회장(돌창자)이 나를 환영한답시고 그랬던 모양인데, 정말이지 내가 튼튼한 갑옷을 입고 있지 않았더라면 나는 그곳을 통과하지 못한 채 형체도 없이

녹아 버렸을 것입니다.

"여행객 여러분! 여러분은 이제 곧 소장 여행을
마치게 될 것입니다. 오시는 동안 여러분들은 많은 영양분들을
장에 날라다 주셨습니다. 이 점 머리 숙여 감사 드립니다."
소장과 대장이 만나는 곳에는 둥근 건물이 하나 있었는데
건물 윗면에 '맹장'이라는 글자가 쓰여 있었습니다.
문을 열고 들어서니 곧게 뻗은 넓은 길이 나왔는데 꼭
꼬불꼬불한 오솔길을 가다 고속 도로를 만난 기분이 들었어요.
하지만 슬프게도 길 위엔 쓰레기들이 가득하고 온갖 악취가
나서 나는 코를 막고 죽자고 달아나는 수밖에 없었지요.
그런데 갑자기 나를 부르는 다급한 소리가 들려왔습니다.
"아저씨, 뛰지 마세요!"
내가 눈을 크게 뜨고 바라보니 정말 불쌍하리만큼 작은
어린애들이 말을 하고 있었어요.
"아저씨, 앞에는 충양돌기라고 하는 죽음의 동굴이 있어요.
한 번 빠지면 꼼짝할 수가 없게 돼요.
맹장염이 일어나는 곳도 바로 충양돌기라고요."
나는 깜짝 놀라 대답했지요.

"정말 고마워. 그런데 애들아, 너희 이름이 뭐지?"

"우리는 세균이에요."

그 말을 듣자마자 나는 잽싸게 몸을 피했습니다.

세균이 나쁜 친구라는 것을 누가 모르겠어요?

"하하, 무서워하지 말아요. 우리 같이 좋은 세균은 나쁜 짓을 하지 않아요. 자, 보세요. 장 속에 남은 음식물 찌꺼기들을 우리가 남김없이 잘게 부수어서 비타민을 만들어 주잖아요!"

여기까지 말한 세균은 갑자기 목소리를 낮추어 말했습니다.

"물론 저한테도 숨기고 싶은 약점이 있기는 해요. 그러니까 음식을 잘게 부술 때 나오는 악취는 저도 어찌할

방법이 없거든요.

나는 세균의 이야기를 들으며 대장 속으로 떠밀려

들어갔습니다.

대장은 생김새가 투박하고 크기도 아주 컸습니다.

마치 엘리베이터를 타고 빌딩 꼭대기에서 내려오듯

맹장, 결장을 그대로 통과하여 직장에 다다르게 되었지요.

그런 다음 나는 비틀비틀하면서 항문으로 가게 되었어요.

안내 방송이 다시 들려왔습니다.

"여행객 여러분! 길고 험한 여행길을 지나 여러분은

드디어 사람 몸속의 장을 다 돌아보았습니다.

여행은 비록 힘이 드셨겠지만 보고 배운 것이 많으리라

생각합니다."

나는 나도 모르는 사이에 '뿌지직' 하는 소리와 함께 항문에서

빠져나왔습니다.

그때 어머니가 아이를 나무라는 소리가 들렸어요.

"내가 뭐라던, 수박씨는 도로 나오잖아. 앞으로 수박 먹을

때 조심해야 돼!"

소화 기관

에너지를 만들어요

소화 기관은 우리가 먹은 음식을 잘게 부수고 녹여 영양소로 만들어요.
우리 몸은 영양소를 흡수해 에너지를 만들어요.

입에서는 소화가 잘되게 이빨로 음식물을 찢고 잘게 부수어요.

위에서는 위산이 나와요. 위산은 잘게 부서진 음식물을 더 분해해서 영양소로 만들어 주지요.

간은 영양소를 저장하고 그 밖에도 많은 일을 담당하는 우리 몸의 화학 공장이에요. 몸에 들어온 나쁜 물질을 없애는 일을 해요.

십이지장에서는 각종 영양소를 흡수해요. 이 영양소들은 혈관을 타고 온몸으로 퍼져 나가지요.

대장에서는 물을 흡수해요. 그리고 영양소를 흡수하고 남은 찌꺼기가 모여 똥이 되지요.

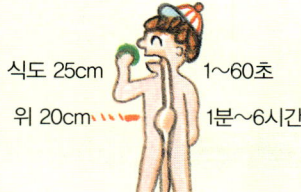

소화 기관의 길이와 소화 시간

식도 25cm 1~60초
위 20cm 1분~6시간
소장 6~7미터 4~9시간
대장 1.5~2미터 20~50시간

뚱보 학교의 뚱뚱보들

입시철이 다가오자, 전국 주요 신문에는 다음과 같은 광고가 대문짝만 하게 실렸습니다.

이 광고를 보고 전국 방방곡곡에서 뚱뚱한 어린이들이 구름같이 몰려들었습니다.

X혹성 X왕국에서는 뚱보가 되어야 출세할 수 있다는 희한한 제도가 있답니다.

X혹성 X왕국 뉴스

〈뚱보 학교 신입생 모집 공고〉

본교는 장차 전국 뚱보 대회에 내보낼 우수한 뚱보를 길러 내기 위해 설립된 학교입니다.

다음과 같은 자격을 갖춘 어린이라면 누구나 우리 학교에 지원할 수 있습니다.

첫째, 정상 몸무게를 넘어야 한다.

둘째, 할아버지, 할머니, 외할아버지, 외할머니, 아버지, 어머니가 모두 뚱보여야 한다.

셋째, 지방 세포의 수가 빨리 늘어나거나 그 크기가 특별히 커야 한다.

- X혹성 X왕국 뚱보 학교 알림 -

그래서 학부모들은 10년에 한 번씩 열리는 전국 뚱보 대회에 자기 자식을 내보내기 위해 과외다 뭐다 하며 극성을 부렸습니다.
게다가 뚱보 학교는 전국에서 둘째가라면 서러울 만큼 전통 있는 명문 학교이니, 이 학교에 들어가기 위한 입시 경쟁이 날로 치열해질 수밖에 없습니다.
땅땅이와 떼굴이와 방방이도 뚱보 학교의 입학 시험을 치르려고 엄마 아빠의 손을 잡고 나왔습니다.
워낙 지원자가 많아서 세 어린이는 사흘 낮, 사흘 밤을 꼬박 줄을 서서 기다린 뒤에야 비로소 고사장에 들어갈 수 있었습니다.

제 1 고사장에 들어서니, 교실 한가운데에 큰 저울이 하나 놓여 있고, 칠판 위에는 간단한 수학 공식이 적혀 있었어요.

몸무게 〉 나이 × 2+8

이 방의 심사 위원은 수학 선생님입니다.
그는 지원자의 몸무게를 잰 다음 전자계산기의 숫자들을 톡톡 두드리더니 금방 심사 결과를 발표했습니다.
"땅땅이, 떼굴이, 방방이는 모두 열한 살이므로, 공식에 따라 몸무게가 30킬로그램을 넘어야 한다.

땅땅이는 45킬로그램, 떼굴이는 42킬로그램,
방방이는 40킬로그램이니 셋 다 우수한 성적으로 합격이다.
너희 같은 아이들을 열 살에서 열세 살이 됐을 때
다시 검사해 보았더니, 그 가운데 여자의 88퍼센트와
남자의 86퍼센트가 커서도 역시 뚱보였다고 한다.
너희는 장래가 아주 밝은 어린이 뚱보들이다."
땅땅이와 떼굴이와 방방이는 제 2 고사장에 들어섰습니다.
이 방의 심사 위원은 미술 선생님과 국사 선생님입니다.
세 어린이는 할아버지, 할머니, 외할아버지, 외할머니,
아버지, 어머니의 사진과 건강 기록부를 두 선생님께 냈습니다.
두 선생님은 사진과 건강 기록부를 한참 살펴보고 말했습니다.
"배불뚝이 박사의 의학 이론에 따르면, 뚱뚱함은 유전과
깊은 관계가 있다고 한다. 땅땅이, 떼굴이, 방방이의 부모와
조상은 모두 뚱보임이 확인됐으니, 너희 세 어린이는
앞으로 위대한 뚱보가 될 가능성이 아주 높다. 세 명 다 합격!"
마지막 제 3 고사장의 심사 위원은 이 학교의 교장 선생님인
비뚤이 씨였습니다.

그는 최신의 과학적 방법으로 지원자의 지방 세포를 꼼꼼히
검사한 뒤 결과를 발표했습니다.
"내 스승이신 배불뚝이 박사께서 최근 발표하신 논문을 보면,
사람이 뚱뚱해지는 까닭은 몸속의 지방 세포가
빨리 늘어나거나, 또는 세포 안에 지방이 늘어나서 지방 세포가
커지기 때문이라고 한다.
땅땅이, 떼굴이, 방방이는 모두 지방 세포가 늘어나는 속도가
대단히 빠르다. 나는 너희 셋이 앞으로 엄청난 뚱보가
되리라고 믿어 의심치 않는다."

이리하여 땅땅이와 떼굴이와 방방이는 뚱보 학교의 입학 시험에 거뜬히 합격했습니다.

개학 첫날, 세 어린이는 뚱보 학교의 학생들이 공통된 특징이 하나 있다는 것을 알아차렸습니다.

학생들의 다리가 몸무게를 이기지 못해 모두 활 모양으로 구부러져 있었습니다.

이 학교는 아침 체조나 중간 체조 시간은 없고 체육 수업도 없는데, 점심시간은 하루에 세 번이나 있었습니다.

개학식에서 비뚤이 교장 선생님은 뚱보 학교의 학생들이 반드시 지켜야 할 학생 수칙 세 가지를 다음과 같이 발표했습니다.

첫째, 달고 기름진 식품만 먹고, 채소나 두부나 달걀 같은 담백한 음식은 먹지 말 것, 땅콩이나 초콜릿같이 열량이 높은 과자를 될 수 있는 대로 많이 먹을 것.

둘째, 학생들은 학교에 오면 의자에 가만히 앉아만 있고, 될 수 있는 대로 걷거나 움직이지 말 것.

달리기를 해서는 절대 안 되며 모든 체육 활동을 금지함.

셋째, 물건을 나르거나 청소를 하는 것과 같은 모든 힘든 일을 금지함.
자, 그럼 뚱보 어린이들의 학교생활은 과연 어떠했을지 여러분도 무척 기대되지요?

뚱보 영웅이 되고픈 뚱뚱보들

입학한 지 오래지 않아 땅땅이는 끼니 때마다 먹는
고기 요리에 싫증이 났습니다.
아직까지 한 번도 싱싱한 채소를 먹어 보지 못한 땅땅이는
채소를 맛보고 싶은 생각에 온몸이 달아올랐습니다.
'채소는 단맛일까, 아니면 짠맛일까, 신맛일까?
어쩌면 매운맛일지도 몰라.'

어느 날, 땅땅이는 사람들의 눈을 피해 살금살금 부엌으로
들어가서 냉장고 안의 채소를 꺼내어 냠냠 맛있게 먹어
치웠습니다.
그러나 이 사실이 들통나서 교장 선생님의 귀에까지
들어가고 말았습니다.
몹시 화가 난 비뚤이 교장 선생님은 땅땅이를 호되게
꾸짖었습니다.
"나는 기회가 있을 때마다 너희에게 열량이 높은 식품만을
많이 먹어야 쉽게 뚱뚱해진다고 가르쳐 왔다.
그런데도 너는 고기를 먹지 않고 채소를 먹었으니,
이는 학생 수칙 제 1 조를 위반한 짓이다.
너를 퇴학시켜야 마땅한 일이지만, 처음 저지른 잘못이어서
이번만은 가벼운 벌을 내리겠다."
채소를 먹은 벌로 땅땅이는
전교생 앞에서 한꺼번에
커다란 고기 세 덩어리를
먹어야 했답니다.

떼굴이는 떼굴이대로 학교생활에 불만이 많았습니다.
원래 떼굴이는 운동을 무척 좋아하는 아이였는데,
이 학교에 들어오고 나서는 선생님들의 엄한 지시로
온종일 의자에 앉아 있어야만 했으니 오죽 갑갑했겠어요.
그러던 어느 날, 떼굴이는 동네 친구들이 탁구를 치고 있는
모습을 보고 너무 부러운 나머지, 저금통의 돈을 모조리
꺼내어 탁구공과 탁구 채를 사서 친구들과 신이 나게
탁구를 쳤습니다.
그러나 이 사실이 비뚤이 교장 선생님에게 알려져서,
떼굴이는 교장실로 불려가 탁구공과 탁구 채를 압수당하고
호된 꾸지람을 들었습니다.
"못된 녀석 같으니라고! 나는 너희가 이다음에 커서 훌륭한
뚱보가 되기만을 바라고 열량이 높은 식품을 많이 먹으라고

신신당부했거늘, 너는 오히려 운동을 하여 몸속의 열량을 소모해 버리다니. 쯧쯧! 이는 학생 수칙 제 2 조를 위반한 짓이므로 너에게 경고를 내리겠다."
비뚤이 교장 선생님은 곧바로 떼굴이를 캄캄한 방에 가두고 사흘 낮, 사흘 밤 내내 잠만 자는 벌을 내렸습니다.
그런가 하면 방방이도 억울하기는 마찬가지였습니다.
방방이가 수업을 마치고 집에 돌아와 보니, 할머니가 물이 가득 담긴 양동이를 들어 나르느라 몹시 힘들어하고 계셨어요.
착한 방방이가 이것을 보고 어떻게 할머니를 돕지 않을 수 있겠어요?
방방이는 얼른 달려가 할머니의 손에서 물 양동이를 받아 들었다가, 몇 발자국 옮기기도 전에 비뚤이 교장 선생님에게 들키고 말았습니다.

하필 비뚤이 교장 선생님이 방방이네 집에 가정 방문을 와 있었던 것입니다.

화가 머리끝까지 난 비뚤이 교장 선생님은 비뚤어진 코가 더 심하게 비뚤어지더니, 가정 방문을 중단하고 방방이를 학교로 데려가서 호통을 쳤습니다.

"힘든 일을 하면 열량이 소모되니 절대 일하지 말라고 내가 몇 번이나 타일렀느냐? 너는 학생 수칙 제 3 조를 위반했으므로, 내 너의 잘못을 생활 기록부에 기록하겠다. 너는 벌로 일주일 동안 침대에 누워 자야 한다."

이렇게 엄격한 교육을 받은 땅땅이와 떼굴이와 방방이는 10년 뒤 마침내 뚱보 학교를 우수한 성적으로 졸업하게 되었습니다.

세 학생이 졸업하던 해는 때마침 전국 뚱보 대회가 열리는 해였습니다.

비뚤이 교장 선생님은 사랑하는 제자들의 내신 성적표와 추천서를 만들어 전국 뚱보 대회의 심사 위원들 앞으로 보냈는데, 그 내용은 이러했습니다.

# 추천서

땅땅이 | 남자, 21살
몸이 옆으로 퍼져 몸통이 키보다 더 큼.
잠을 자다가 침대에서 굴러 떨어지면
역도 선수들이 여러 명 달려들어도
들어 올리지 못하고 기중기를
써야만 들어 올릴 수 있음.

떼굴이 | 남자, 21살
배 속에 낀 지방이 유난히 많아서 배가
특별히 큼. 만약 이 학생이 여러분을
향해 걸어온다고 하면, 여러분의 눈에는
그의 머리나 팔다리는 보이지 않고
다만 커다란 공이 떼굴떼굴
굴러오는 것처럼 보임.

방방이 | 여자, 21살
지금까지 침대 50개와 의자 120개를
짜부라뜨린 기록을 가지고 있음.
그래서 현재 이 학생이 사용하는
침대랑 의자는 두께가 10센티미터인
강철판으로 특별 제작한 것임.

뚱보학교 비뚤이 교장

드디어 전국 뚱보 대회가 시작되었습니다.

하지만 땅땅이, 떼굴이, 방방이 세 선수들을 아직도 대회장에 나타나지 않았습니다.

몹시 초조해진 비뚤이 교장 선생님은 선수들을 기다리다 못해 자리를 박차고 일어나 세 선수를 찾아나섰습니다.

아, 대회장에서 100미터쯤 떨어진 곳에 땅땅이와 떼굴이와 방방이가 얼굴이 온통 땀으로 뒤범벅이 된 채 숨을 헐떡거리며 주저앉아 있었어요. 그들은 비뚤이 교장 선생님을 보더니 괴로워하며 하소연했습니다.

"저희는 살이 너무 많이 쪄서 조금만 움직여도 땀투성이가 되고 숨이 턱에까지 차서 헐떡거려요. 집에서 여기까지 오는 동안 벌써 백 번이나 쉬었고, 손수건도 열여덟 장이나 땀에 젖어 버렸어요."

간신히 일어난 그들은 조금 더 걷다가 또다시 땅바닥에
주저앉아 처량하게 한탄했습니다.
"아이고, 허리가 쑤시고 다리가 아파서 더는 못 걷겠네!
의사 선생님이 우리를 보고 너무 뚱뚱해서 관절이 몸무게를
지탱하지 못하고 탈이 났대요."
뚱보 선수 세 명은 안간힘을 쓰며 간신히 대회장에
들어왔지만, 오자마자 또다시 주저앉아 말했습니다.
"우리는 너무 살이 쪄서 하루 종일 흐리멍덩한 채
그저 잠만 자고 싶어요."
말을 마치기가 무섭게 그들은 볏단 무너지듯 차례로
땅바닥에 쓰러져 드르렁드르렁 코를 골기 시작했습니다.

장내가 떠나갈 듯이 요란하게 코 고는 소리에 놀라
심사 위원들이 우르르 달려들어 세 명을 흔들어 깨운 덕분에,
대회가 끝나기 1분 전에야 그들은 겨우 잠에서 깨어났습니다.
대회 결과, 금메달은 땅땅이 선수에게 돌아갔고,
떼굴이는 은메달, 방방이는 동메달을 목에 걸었습니다.
X왕국의 임금이 친히 그들의 가슴에 '뚱보 영웅' 훈장을
달아 주고, 국가를 위해 우수한 뚱보를 양성한 비뚤이 교장
선생님에게도 '모범 교장' 표창장을 주었습니다.
그날 저녁, 이 경사스러운 일을 축하하기 위해 뚱보 학교에서는
성대한 잔치가 벌어졌습니다.
그러나 웬일인지 참석해야 할 뚱보들이 보이지 않았습니다.
심지어 뚱보 영웅인 땅땅이, 떼굴이, 방방이조차
끝내 나타나지 않았습니다.
나중에 밝혀진 사실이지만, 그들은 너무 뚱뚱해서 별의별
몹쓸 병에 걸려 하나같이 병원에 입원하게 된 것이었어요.
땅땅이는 고혈압, 당뇨병, 고지혈증에 걸리고, 떼굴이는
담석증, 관절염에 걸리고, 방방이는 관상 동맥 경화증,

신장 결석에 걸렸답니다.

지금도 X혹성 X왕국 X병원 특실에 가면 침대에 누워 신음하는 뚱보 영웅들을 볼 수 있다고 합니다.

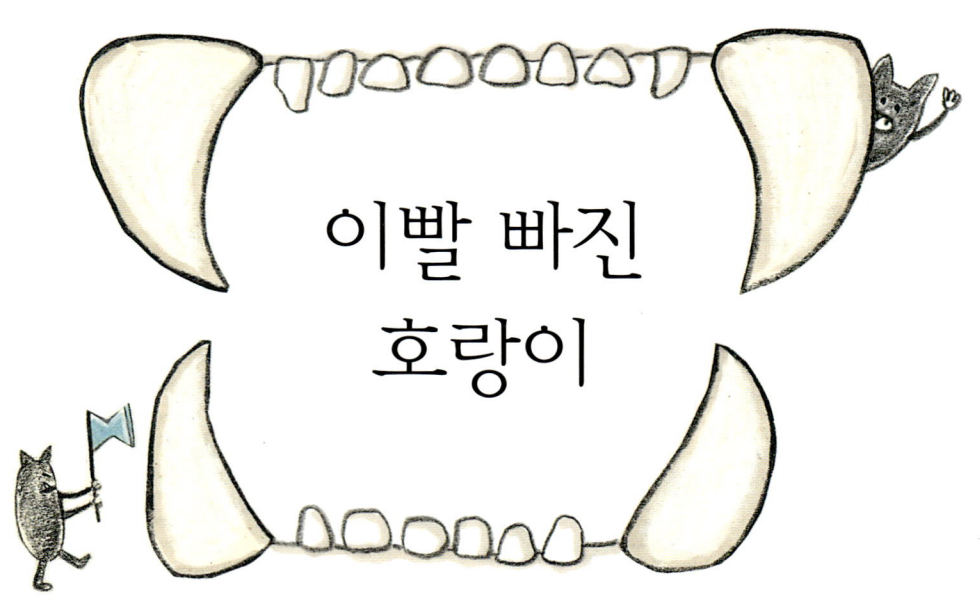

이빨 빠진 호랑이

호랑이의 이빨은 보기만 해도 소름이 돋을 만큼 무시무시합니다.
그래서 숲 속 동물들은 모두 호랑이를 무서워합니다.
그런데 어느 날 여우가 이렇게 큰소리를 쳤습니다.
"나는 호랑이가 무섭지 않아. 나는 호랑이의 이빨을 몽땅 뽑아 버릴 수도 있어!"

당연히 숲 속 동물들은 아무도 이 말을 믿지 않았습니다.
모두 여우가 허풍을 떨고 있다고 생각했지요.
그런데 여우는 정말로 호랑이를 찾아갔습니다.
여우는 호랑이 앞에다 큰 선물 꾸러미를 내놓으며 말했습니다.
"존경하는 호랑이 대왕님! 제가 대왕님을 위해 세상에서
가장 맛있는 것을 가지고 왔사옵니다. 바로 사탕이옵니다."
'사탕이 뭐지?'
호랑이는 한 번도 먹어 보지 못한 것이라 어리둥절했습니다.
하지만 일단 설탕으로 만든 사탕을 빨아 보니 정말
또 먹지 않고는 못 배길 만큼 맛이 있었습니다.
호랑이는 사탕을 먹고 또 먹었습니다.
호랑이는 사탕 말고 다른 음식은 모두 맛이 없었어요.
여우는 계속해서 설탕으로 만든 사탕을 호랑이에게
가져다주었습니다.
호랑이는 이제 잠을 잘 때도
사탕을 물고 잘 정도가
되었습니다.

호랑이의 친구 사자가 걱정하며 호랑이에게 말했습니다.
"사탕을 많이 먹으면 안 되네. 그리고 이빨을 자주 닦아야 해. 그렇지 않으면 자네 이빨이 모두 썩고 말걸세."
호랑이가 사자의 말을 듣고 이빨을 닦으려 하자 여우가 얼른 말했습니다.
"저런! 이빨에 묻은 사탕이 모두 씻겨 나가게 생겼으니 아깝기도 해라……."
이미 사탕의 단맛에 푹 빠진 호랑이는 여우의 말을 듣고 이빨을 닦지 않았습니다.
그런데 어느 날, 이빨이 조금씩 아프더니 밤이 되자 참을 수 없을 만큼 욱신욱신 쑤셨습니다.
호랑이는 마침내 체면도 내팽개치고 턱을 붙잡고

엉엉 울었습니다.

다음 날 아침, 호랑이는 날이 밝자마자 치과 의사인 얼룩말을 찾아갔습니다.

"빨리, 내 이빨을 치료해 줘!"

그러나 얼룩말은 호랑이의 울부짖음을 듣고는 무서워서 문을 열어 줄 엄두도 내지 못했습니다.

호랑이는 다시 물소를 찾아갔지만 물소도 황급히 들어가며 말했습니다.

"나는, 나는 당신 이빨을 치료할 수 없어요……."

당나귀 의사도 무서워 도망칠 뿐이었습니다.

호랑이의 얼굴이 점점 부풀어 올랐습니다.

호랑이는 이빨이 너무 아파 울부짖었습니다.
"내 이빨을 치료해 주는 동물이 있다면 앞으로 대왕님으로 모실 테니 제발 내 이빨 좀……."
이때 여우가 하얀 옷을 입고 나타나더니 말했습니다.
"내가 치료해 주지."
호랑이는 고맙다며 꾸벅꾸벅 절을 했습니다.
"이런, 이빨이 모두 썩었으니 몽땅 뽑아 버려야겠는걸!"
하고 여우가 말했습니다.
"아프지 않을 수만 있다면 몽땅 뽑아도 좋으니 어서 뽑아 줘!"
호랑이는 울며 애원했습니다.
여우는 호랑이의 이빨을 하나도 남기지 않고 모두 뽑았습니다.
보세요, 이빨 하나 없는 합죽이 호랑이를!
호랑이는 그래도 여우에게 고마워하며 말했습니다.
"역시 여우밖에 없어. 사탕도 먹게 해 주고 이빨도 뽑아 주니 말이야."

건강해지는 음식을 먹어요

음식은 소화 기관을 통해 곧바로 우리 몸의 일부가 돼요. 그래서 좋은 음식은 우리를 건강하게 하고, 나쁜 음식은 우리의 건강을 해쳐요.

손오공과 돌원숭이

손오공은 《서유기》에 나오는 주인공입니다.
하지만 지금부터 하는 손오공 이야기는 《서유기》와는
상관없이 지어낸 것이랍니다.
모험을 즐기는 손오공은 아무 일도 일어나지 않는 따분한 날이
계속되자 자리를 박차고 일어났습니다.
구름을 타고 한 바퀴 공중제비를 도는가 싶더니 어느새 커다란

산에 도착했습니다.

산꼭대기에는 마침 눈에 띄는 늙은 소나무가 한 그루 있었어요.

손오공은 이 소나무 위에 내려앉아 자리를 잡았습니다.

손오공은 왼손을 이마에 대고 주위를 빙 둘러보았습니다.

아, 어찌나 계곡이 깊고 봉우리가 높은지 저절로 입이 떡 벌어졌습니다.

"정말, 험하기 이를 데 없는 산이로군! 혹시 신선이 살고 있는 곳은 아닐까?"

손오공이 다시 발걸음을 내디디려 할 때 문득 깎아지른 듯한 절벽에 '돌원숭이'가 새겨져 있는 것이 보였습니다.

마치 책상다리를 하고 앉아서 도를 닦고 있는 듯한 모습이었어요.

손오공은 버럭 화를 내며 고함을 쳤습니다.

"이 세상에서 알아주는 돌원숭이는 나 하나뿐이야. 내가 모든 원숭이의 조상인데 다른 돌원숭이가 나타났으니 도대체 어찌 된 일이야?

어떻게 이런 일이 있을 수 있어!"

손오공이 그렇게 말하는 것도 무리는 아니랍니다.
왜냐하면 《서유기》에는 분명히 다음과 같은 말이 쓰여
있으니까요.

그해 화과산에는 신비로운 돌이 하나 있어 하늘과 땅의
정기를 받고 해와 달의 영험한 빛을 쬐었다.
그리하여 하루아침에 이 돌이 갈라지면서 돌로 된 알을
하나 낳았다. 이 알이 바람의 작용을 받아 돌원숭이가
되었는데 이 돌원숭이가 바로 손오공이다.

손오공은 수를 놓을 때 쓰는 작은 바늘을 귀에서 끄집어
냈습니다.
이 바늘에다 입김을 확 불어넣자 바늘은 순식간에 금테를
두른 큰 막대기로 변하는 게 아니겠어요?
손오공이 이 막대기로 눈앞에 있는 돌원숭이를 막 내려치려 할
때였어요.
절벽에 새겨져 있는 돌원숭이가 갑자기 허리를 펴면서
두 눈을 살짝 뜨는 것이었어요.

돌원숭이가 입을 열었습니다.
"잠깐 기다려! 누군지 이름을 밝혀라. 네 녀석에게 원숭이의 진짜 조상님은 나라는 걸 알려 주겠다."
이 말을 들은 손오공은 키득키득 소리를 내며 웃기 시작했습니다.
"이 어르신으로 말할 것 같으면 오백 년 전에…… 아니지, 지금으로부터 천 팔백 년 전이지.
아무튼 그 오랜 옛날에 하늘나라 궁전을 떠들썩하게 하며 위세가 당당했던 손오공이다, 이 말씀이야.
나야말로 원숭이의 조상이거늘 네가 감히 내 조상이라고

입을 놀려?"

"손오공은 잠시 내 말을 들어라."

돌원숭이는 아무렇지도 않은 듯이 대꾸했습니다.

"내 나이는 적게 말해도 천만 살은 더 됐지.
내 증손자의 증손자가 네 할아버지의 할아버지한테
십만 팔천 번째 조상쯤 될 거라고."

가만히 이야기를 듣고 있던 손오공은 자기도 모르는 사이에
큰 소리로 웃었습니다.

"나는 당나라 삼장 법사를 따라 서쪽 나라로 불교 경전을
구하러 갔던 원숭이다 이거야.
가는 길에 별의별 요괴들을 만났지만 모조리 물리쳤지.
금뿔 대왕이니 뿔 대왕이니 하는 요괴들을 숱하게 봤지만

너 같은 허풍 대왕은 처음 봤어.

오늘에야 바로 그 허풍 대왕을 보는구나!"

손오공은 다시 한 번 크게 웃고는 말했습니다.

"네 이놈! 석공이 조각해 놓은 가짜 원숭이 주제에

할아비, 손자를 입에 담아?"

"가짜 원숭이는 바로 네 녀석이야!"

돌원숭이가 말했습니다.

"천만 년 전에 나는 진짜 원숭이였어. 그때를 돌이켜 보면

원숭이하고 유인원은 한 집안이었지. 서로 갈라진 건 그 뒤의

일이야. 나는 그 오랜 옛날의 유인원에서 갈라져 나와 사람으로

발전해 가던 원숭이였다고. 다시 말해서 나는 인류의 직접

조상이 된 원숭이지."

손오공은 금테 두른 막대기를 내려놓고 배를 움켜쥔 채
웃을 수밖에 없었습니다.
"별 희한한 친구 다 보겠네! 내가 다시 묻겠는데,
만약 네가 그렇게 오래된 원숭이라면 왜 돌 속에 들어가
있는 거야?"
"그건 말을 하자면 긴데……."
돌 속의 원숭이가 막 이야기를 시작하려고 하는데 어디선가
사람들이 왁자지껄 떠들어 대는 소리가 들려왔습니다.
손오공은 급히 금테 두른 막대기를 귓속에 집어넣고
작은 곤충으로 둔갑했습니다.
그러고는 포르르 날아올라 근처에 있는 나뭇가지에
몸을 숨겼어요. 곤충으로 변한 손오공은 숨을 죽이고
소리가 들려오는 곳을 살펴보았습니다.
모습을 드러낸 소리의 주인공들은 땅의 성질을 조사하는
지질 탐사대였습니다.
탐사대의 앞장을 선 사람은 호호백발 할아버지 교수였고
그 뒤를 젊은 남녀 네 명이 따르고 있었답니다.

"저것 좀 보세요! 화석이 있어요."

나이 어린 여학생이 큰 소리로 외쳤습니다.

모두 그 여학생이 가리키는 곳으로 달려가 오래된 원숭이 화석을 둘러쌌습니다.

할아버지 교수는 화석을 자세히 들여다본 다음에 말했습니다.

"옛날에 살았던 원숭이 화석이 맞아. 천사백만 년 전부터 천이백만 년 전 사이에 살았던 원숭이일 가능성이 높아. 너희는, 이 원숭이가 어떤 과정을 거쳐 이런 화석이 되었는지 알고 있겠지?"

"알고말고요!"

화석을 가장 먼저 발견한 여학생이 말했습니다.

"최소한 천만 년 전 어느 날, 어떤 원숭이 한 마리가 죽었지요.
그 순간 진흙과 모래가 덮쳐 이 원숭이의 몸에는 공기가 통하지
않게 되었던 거예요.
시간이 지나 원숭이의 살은 썩어 문드러지고 남은 것은
단단하고 온전한 뼈뿐이었어요.
그러는 중에 광물질이 원숭이 몸에 있는 아주 작은 틈까지
채우면서 원래 있던 살을 대신하게 되었지요.
그런 다음 아주 단단해져서 화석이 된 거예요.
비바람에 깎이는 침식 작용이 오랜 기간 계속되면서
원숭이를 내리덮었던 흙이 깎이고 씻겨 내려가
이렇게 화석이 드러난 거잖아요……."
할아버지 교수는 여학생의 설명이 만족스러운지 고개를
끄덕였습니다.
"이거야말로 진짜 원숭이 화석이지.
소설가가 공상으로 만들어 낸 돌원숭이가 아니야.
이 원숭이 화석이 겪은 변화가 소설가들에게
일흔두 번이나 변하는 돌원숭이를 생각해 내도록 한 것이지!"

"하늘나라 궁전을 떠들썩하게 했다는 손오공을 말씀하시는 거로군요?"
모두들 웃으면서 물었습니다.
"그렇단다."
할아버지 교수가 대답했습니다.
"손오공은 사람들이 꾸며 낸 돌원숭이에 지나지 않아."
숨어서 사람들의 이야기를 듣고 있던 손오공은 자기도 모르게 얼굴이 빨개졌습니다.
곤충으로 둔갑한 손오공은 누가 볼까 몰래 그 자리를 빠져나갔답니다.

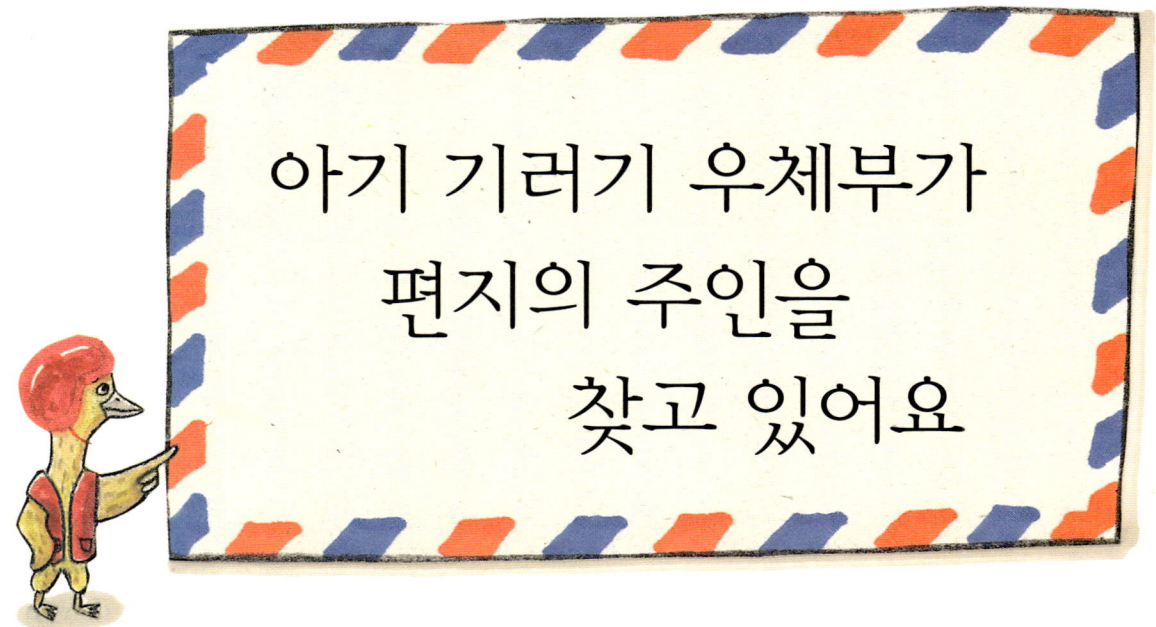

아기 기러기 우체부가 편지의 주인을 찾고 있어요

우체국 사람들의 퇴근 시간을 알리는 종이 길게 울렸습니다.
하지만 기러기 우체국장은 책상 위에 놓인 편지 몇 장을
돋보기로 들여다보느라 딴생각을 할 틈이 없었습니다.
퇴근 준비를 하고 있던 아기 기러기 우체부는 창문 너머
우체국장을 보았습니다.
무슨 일일까 궁금해진 아기 기러기는 곧장 국장실로 들어가

물었습니다.

"국장님, 또 주소가 정확하지 않은 편지가 온 건가요?"

기러기 국장은 고개를 끄덕였습니다.

"그렇다네. 이 편지 세 통을 누구한테 보내야 할지 잘 모르겠어. 어떻게 하면 이 편지를 주인들한테 빨리 전달해 줄 수 있을까 생각하고 있는 중이야."

아기 기러기는 책상 위에 놓인 편지를 내려다보았습니다.

첫 번째 편지 봉투에는 '세상에서 가장 비싼 금속 귀하'라는 주소가 써 있군요.

두 번째 편지 봉투에는 '지구에서 가장 많은 금속 귀하', 마지막 편지 봉투에는 '전기를 가장 잘 전달하는 금속 귀하'라고 써 있고요.

아기 기러기는 생각했습니다.

'세상에서 가장 비싼 금속은 금이잖아. 그리고 지구에서 가장 많은 금속은 쇠, 전기를 가장 잘 전달하는 금속은 구리잖아.

이런 게 뭐 찾기 어려운 주소라는 거야?'
아기 기러기는 기러기 국장에게 따지듯 말했습니다.
"국장님! 이 편지들은 제가 내일 모두 주인에게
전달하겠습니다."
그러고는 국장의 대답을 기다리지도 않은 채 편지들을
집어 들고 나갔습니다.
다음 날 정오였습니다. 아기 기러기가 땀을 뻘뻘 흘리며 국장
사무실로 들어왔어요.
아기 기러기는 어제 가지고 갔던 편지 세 통을 책상 위에
내려놓으면서 말했습니다.
"국장님, 아무리 찾아도 주인들을 찾을 수가 없어요."

기러기 국장은 그럴 줄 알았다는 듯 껄껄 웃습니다.

"왜 편지 주인들을 못 찾았지?"

"먼저 세상에서 가장 비싼 금속을 찾아 황금네 집으로 갔어요.
황금이 이 세상에서 가장 비싼 금속이잖아요?
그런데 황금이 옛날에는 자기가 가장 비싼 금속이었지만
지금은 아니라는 거예요. 그래서 이 편지 겉봉에 써 있는
주소는 자기 집 주소가 아니라잖아요."

"그 다음엔 '지구에서 가장 많은 금속'이라고 써 있는 편지를
들고 쇠한테 갔겠구나."

기러기 국장이 싱긋 웃으면서 말했습니다.

"맞아요. 쇠가 얼마나 쓸 데가 많은 금속인가요?
집집마다 쇠로 된 솥에다 밥을 짓잖아요.
그러니까 쇠가 세상에서 가장 많은 금속이잖아요?
그런데 쇠한테 갔더니 자기는 그 편지 주인이
아니라는 거예요."

아기 기러기는 기가 막힌다는 얼굴로 이야기를 계속했습니다.

"세 번째 편지도 그래요. 제가 알기로 전깃줄은 거의 다

구리로 만들거든요. 전기를 가장 잘 전달하는 금속이 구리가 아니라면 왜 구리로 만들겠어요? 그런데도 구리한테 갔더니 한사코 자기는 세 번째 편지의 주인이 아니라고 하지 않겠어요?"

아기 기러기는 한숨을 푹 쉬고 나서 말을 맺었습니다.

"국장님 말대로였어요. 이 편지 세 통은 주소가 정확하지 않은 편지예요."

"그러면 어떻게 해야 이 편지들을 진짜 주인에게 전해 줄 수 있겠느냐?"

기러기 국장은 아기 기러기를 시험해 보려는 듯이 말했습니다.

아기 기러기가 대답했습니다.

"편지 받을 곳의 주소가 분명하지 않은데 어떻게 찾을 수 있겠어요? 차라리 편지를 보낸 쪽으로 돌려보내는 게 낫지 않을까요?"

"그러면 안 된다."

기러기 국장은 고개를 가로저었습니다.

"편지를 띄운 곳으로 돌려보내면 편지가 왔다 갔다 하게 된다. 그러면서 시간을 허비하게 되지. 혹시 이 편지들이 급한 소식을 담고 있다면 일을 그르치게 된다.

그러니 너는 지금 곧 금속 연구소로 달려가서 이 편지들에 써 있는 주소를 좀 가르쳐 달라고 해라."

"아, 그러면 되겠군요. 그럼 지금 곧 가겠습니다."

부리나케 달려나간 아기 기러기는 퇴근 시간 전에 돌아왔습니다. 아기 기러기는 싱글벙글하며 말했습니다.

"국장님, 편지들을 모두 주인에게 전달했습니다."

"그래, 어떤 금속들이 그 편지들의 주인이더냐?"

우체국장이 묻자 아기 기러기가 대답했습니다.

"금속 연구소의 연구원이 그러는데, 세상에서 가장 비싼
금속은 칼리포르늄(Cf)이라는 금속이래요.
이 금속은 암을 치료하는 데 쓴다고 했어요.
이 금속에서 내뿜는 방사선은 여러 가지 물질을 뚫고
들어가기 때문에 쓰임새가 아주 많대요. 칼리포르늄은
1975년에만 해도 전 세계에서 나는 양이 1그램밖에
안 됐는데 지금은 몇 백 그램 정도 나온다고 해요.
그런데 그 값이 엄청나서 28.35그램에 미국 돈으로
2억 8천만 달러나 한다는 거예요. 황금보다 백만 배나
비싸대요. 그러니까 첫 번째 편지의 주인은
당연히 칼리포르늄일 수밖에요."
"그러면 두 번째 편지의 주인은 누구더냐?"
"알루미늄이에요. 연구원이 지구 겉에 있는 암석의
8퍼센트 이상이 알루미늄이라고 했어요.
그러니까 쇠보다도 훨씬 많은 거래요."
"그렇겠군. 세 번째 편지의 주인은 누구더냐?"
"은이요. 전기를 전달하는 일을 은보다 잘하는 금속은

없다고 해요. 전깃줄을 구리로 만드는 까닭은 은보다
비용이 적게 들기 때문이래요."
"그래서 칼리포르늄이랑 알루미늄이랑 은한테 편지들을
다 전달해 주었니?"
"예. 그 금속들이 세 편지의 진짜 주인들이었어요."
기러기 국장은 흐뭇한 표정을 지었습니다.
아기 기러기가 조금씩 일을 배워 나가며 성장하는 모습이
기뻤기 때문이에요.

땅속은 자원의 보물 창고예요

땅속에는 수억 년 동안 만들어진 에너지와 광물이 묻혀 있어요.
우리는 이 에너지와 광물을 이용해 살아가지요.
우리는 수억 년의 시간을 쓰며 살아가는 셈이에요.

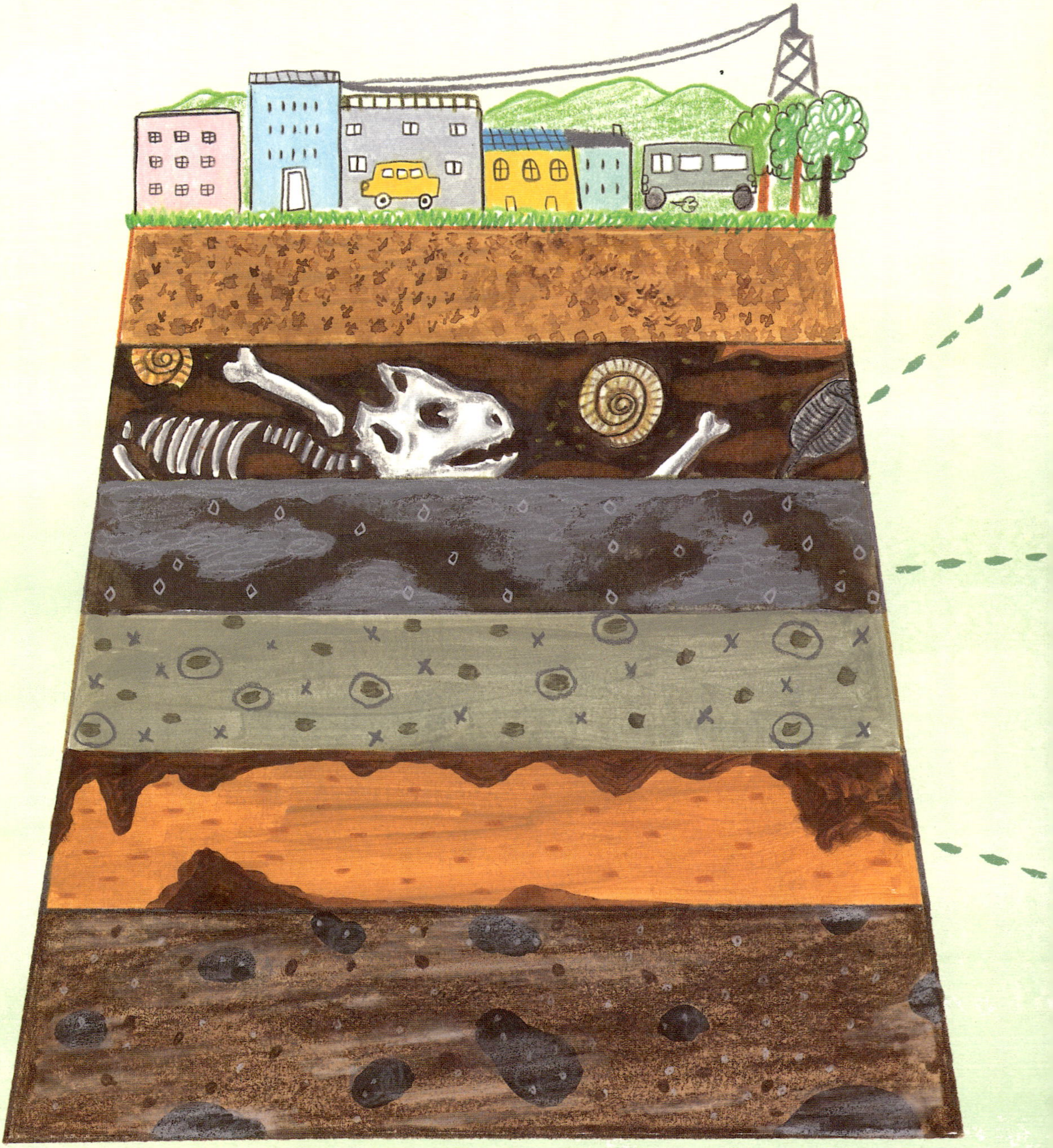

화석은 생물이 죽은 다음 땅에 묻혀 오랜 세월에 걸쳐 만들어졌어요.
우리는 화석을 보고 옛날에 살았던 동식물에 대해 알 수 있지요.

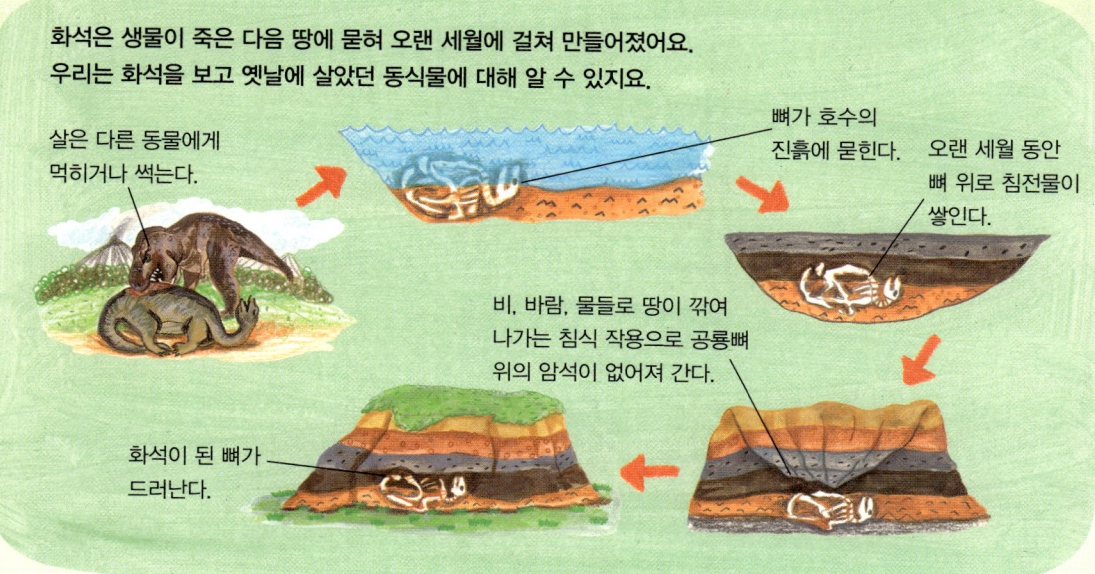

- 살은 다른 동물에게 먹히거나 썩는다.
- 뼈가 호수의 진흙에 묻힌다.
- 오랜 세월 동안 뼈 위로 침전물이 쌓인다.
- 비, 바람, 물들로 땅이 깎여 나가는 침식 작용으로 공룡뼈 위의 암석이 없어져 간다.
- 화석이 된 뼈가 드러난다.

광물은 여러 물질이 땅속에서 오랜 세월 동안 압력과 열을 받아 만들어져요.
사람들은 이 광물을 캐내 여러 가지 물건을 만들어 사용해요.

보석은 아주 귀한 광물이에요. 다이아몬드, 에메랄드, 비취, 루비 그 밖에 여러 가지가 있어요.

자동차를 만드는 철, 유리는 광물로 만들어요.

다리의 뼈대가 되는 철, 콘크리트를 만드는 시멘트 들은 광물에서 나오지요.

폭탄이나 다이너마이트의 재료들은 모두 땅에서 얻은 광물로 만들어요.

석유와 석탄은 까마득히 오래전에 살았던 식물이 변해 만들어졌어요. 땅속에 묻힌 식물이 오랜 세월 열과 압력을 받아 탄소 덩어리가 된 것이 석탄이고, 액체가 된 것이 석유예요.

   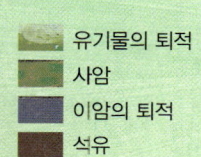

- 죽은 생물이 해저에 가라앉음.
- 사암이나 이암으로 뒤덮임.
- 박테리아나 열의 작용으로 석탄이나 석유가 만들어짐.

- 유기물의 퇴적
- 사암
- 이암의 퇴적
- 석유

지구를 버린 태양

어느 때부터인가 사람들은 자기와 자기가 살고 있는 세계가 만족스럽지 못하다고 생각하기 시작했습니다. 사람들에게는 일이 너무 많고, 놀 시간은 너무 적고, 생활은 힘겹고 지루하게만 느껴졌지요.

그래서 사람들은 모두 일손을 놓아 버렸습니다.
공장의 굴뚝에서는 더 이상 연기가 피어오르지 않았고,

반쯤 옷을 지은 재봉틀의 바늘도 더는 움직이지 않았고,
구두 수선공의 망치도 더 이상 가죽을 두들기지 않았고,
광산의 곡괭이는 이미 석탄 더미에 파묻혀 버렸고,
어부들의 그물도 물을 만나지 못해 바짝 말라 버렸습니다.
농부들도 한자리에 모여 말했습니다.
"도시 사람들은 모두 일손을 놓아 버렸는데 우리가 왜 밭을
갈아야 하지?"
그리하여 논과 밭에서는 더 이상 농부의 모습을 볼 수
없었습니다.
달이 별들에게 말했습니다.
"사람들이 모두 미쳤나 봐. 결국 불행이 닥칠 텐데.
일하는 것이야말로 아름답고 영예로운 것인데 손가락 하나
까딱하지 않으니 저러다간 모두 망하고 말 거야.
별들아, 우리는 지금까지 그래 왔듯이 쉼 없이 밤을
밝히자꾸나."
하지만 태양은 인간들의 모습을 그냥 지켜보지만은
않았습니다. 농부들이 농사를 짓지 않고 하루 종일 그늘에 앉아

쉬려고만 하자 태양이 말했습니다.
"너희가 땅에 씨앗을 심어 내 빛을 쪼여야 곡식이 자랄 텐데,
너희가 일을 하지 않는다면 내 빛이 무슨 쓸모가 있겠느냐!
나는 게으름뱅이들을 비춰 주고 싶은 마음이 조금도 없다. 어서
일어나 일터로 돌아가지 않는다면 다시는
나를 볼 수 없으리라."
"태양 선생, 당신도 쉬고 싶으면 쉬구려. 어쨌든 우리는
일하지 않겠소."
사람들은 눈 하나 까딱하지 않고 대답했습니다.
그날 저녁, 서쪽 산으로 지는 태양의 얼굴은 화가 나서 더욱더
붉었습니다.
그러고는 다음 날 아침이 되지 않았습니다.
태양은 어제 말한 대로 나타나지 않은 것입니다. 시계는 분명
낮 12시를 가리켰지만 세상은 한밤중처럼 어두웠습니다.
사람들은 달이 뜨는 밤이 오히려 밝겠구나 생각하고
밤이 오기를 기다렸습니다.
그러나 밤이 되었지만 달도 뜨지 않았습니다.

사람들은 천문학자를 찾아갔습니다.
"떠난 것은 태양인데 왜 달도 뜨지를 않나요?"
천문학자가 대답했습니다.
"달은 하늘을 밝게 비추고 싶겠지만 그럴 수가 없어요.
달은 스스로 빛을 내지 못하고 그저 태양의 빛을 받아
반사할 뿐이거든요."
태양도 없고 달도 뜨지 않자 세상은 캄캄해졌습니다.
사람들은 부랴부랴 가로등을 켜 거리를 밝히고
전기난로로 방을 따뜻하게 했습니다.
오래지 않아 저장해 두었던 석탄, 석유가 모두 바닥이 나고
말았습니다. 연료가 떨어지자 발전소의 기계가 멈추었고,
그러자 불빛이 사라지고 난방도 할 수 없게 되었습니다.
사람들은 불안했습니다. 그때 누군가가 말했습니다.
"전기를 만드는 데 꼭 석유, 석탄이 있어야 하는 건 아니야.
세상에는 수많은 폭포가 있잖아. 높은 곳에서 떨어지는
물의 힘을 이용하면 전기를 얻을 수 있어."
사람들은 폭포가 있는 곳으로 달려갔습니다.

그러나 사람들이 본 것은 말라 버린 웅덩이와 물 한 방울 떨어지지 않는 절벽뿐이었습니다.
사람들 틈에 끼어 있던 기상학자가 그럴 줄 알았다는 듯 말했습니다.
"태양은 뜨거운 열을 이용해 비, 이슬, 서리, 눈을 만드는 조화를 부리는데, 이제 태양이 없으니 비도 이슬도 서리도 눈도 앞으로는 볼 수 없게 되었소. 비가 내려야 산꼭대기에서부터 폭포를 타고 물이 떨어지지요. 태양이 떠나 버렸으니 얼음과 눈이 녹을 턱이 없고 그러니 폭포가 말라 버릴 수밖에요."
그러나 사람들은 포기하지 않았습니다.
사람들은 바람을 이용해 전기를 얻어야겠다고 생각하고

거대한 풍차를 만들려 하였습니다.

그러자 목수와 대장장이가 화를 내며 말했습니다.

"왜 우리가 힘들게 일을 해야 하지요?"

사람들은 목수와 대장장이에게 애원하다시피 매달렸습니다.

"제발 잠시만 참아 주십시오. 풍차만 완성되면

다시 편안하게 노실 수 있을 것입니다."

마침내 거대한 풍차가 완성되었습니다.

사람들은 바람이 불기만을 기다렸습니다.

바람이 거대한 풍차를 돌리면 발전기가 따라 돌아갈 테고

그러면 다시 전기를 얻을 수 있어 세상에 빛과 따뜻함이

찾아오겠지…….

그러나 아무리 기다려도 바람은 불어오지 않았습니다.

사람들은 다시 기상학자를 찾아갔습니다.

기상학자가 한숨을 내쉬며 말했지요.

"태양이 없으면 바람은 불지 않아요. 태양은 땅 위의 공기를

덥게 만드는데, 햇빛을 많이 받는 곳의 공기는 더 따뜻해지고

햇빛을 덜 받는 곳의 공기는 좀 더 차가워집니다.

공기는 뜨거워지면 위로 올라가는데 그러면 차가운 공기가 빈 곳을 메우려고 뜨거운 공기가 있던 곳으로 이동하지요. 바로 이때 공기가 움직이면서 바람이 부는 것입니다. 그러나 태양이 없으니 공기의 온도 차가 생기지 않고 자연히 바람도 불지 않는 것입니다."

날씨는 하루가 다르게 추워졌습니다. 바닷물이 얼어 배들이 다닐 수 없게 되었습니다. 숲 속의 동물들이 얼어 죽어 갔고 새들도 날지 못하고 가엾게도 둥지 속에서 얼어 죽거나 굶어 죽었습니다.

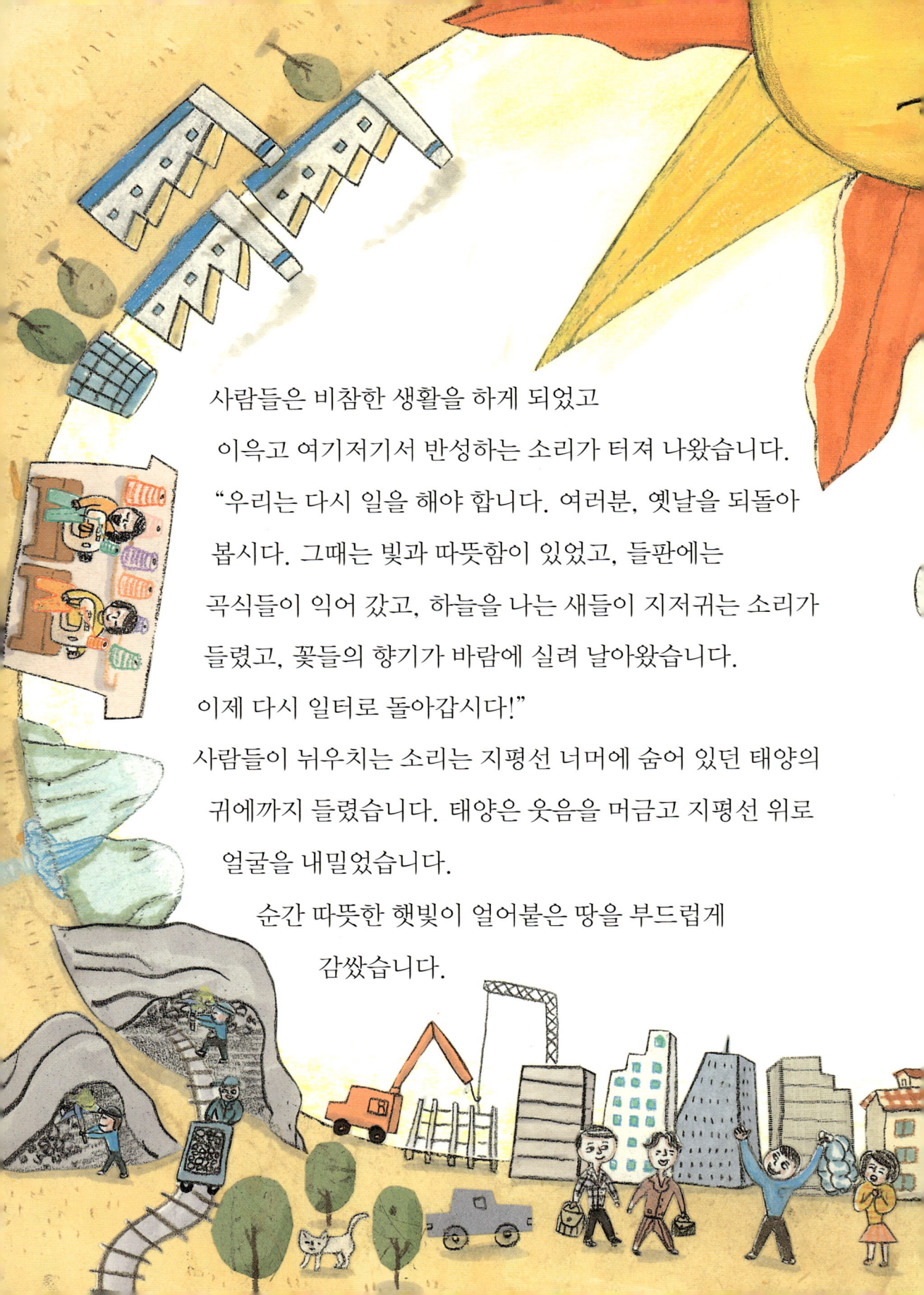

사람들은 비참한 생활을 하게 되었고
이윽고 여기저기서 반성하는 소리가 터져 나왔습니다.
"우리는 다시 일을 해야 합니다. 여러분, 옛날을 되돌아 봅시다. 그때는 빛과 따뜻함이 있었고, 들판에는 곡식들이 익어 갔고, 하늘을 나는 새들이 지저귀는 소리가 들렸고, 꽃들의 향기가 바람에 실려 날아왔습니다. 이제 다시 일터로 돌아갑시다!"
사람들이 뉘우치는 소리는 지평선 너머에 숨어 있던 태양의 귀에까지 들렸습니다. 태양은 웃음을 머금고 지평선 위로 얼굴을 내밀었습니다.
순간 따뜻한 햇빛이 얼어붙은 땅을 부드럽게 감쌌습니다.

사람들은 어른 아이 할 것 없이 모두 밖으로 뛰어나와
따사로운 햇빛을 온몸으로 받으며 얼었던 몸을
녹였습니다. 바다가 다시 파도를 일으키며 출렁이기 시작하자
어부들이 그물을 집어 들었습니다.
땅이 녹자 농부들이 다시 논과 밭으로 나갔습니다.
노동자들도 기계를 돌리기 시작했습니다.
저녁이 되자 달이 떠올라 은은하게 빛을
뿌려 주었습니다.
달에게 자리를 넘겨주고 서쪽 산으로 지는 태양의
모습은 꼭 자상한 아버지 같았습니다.

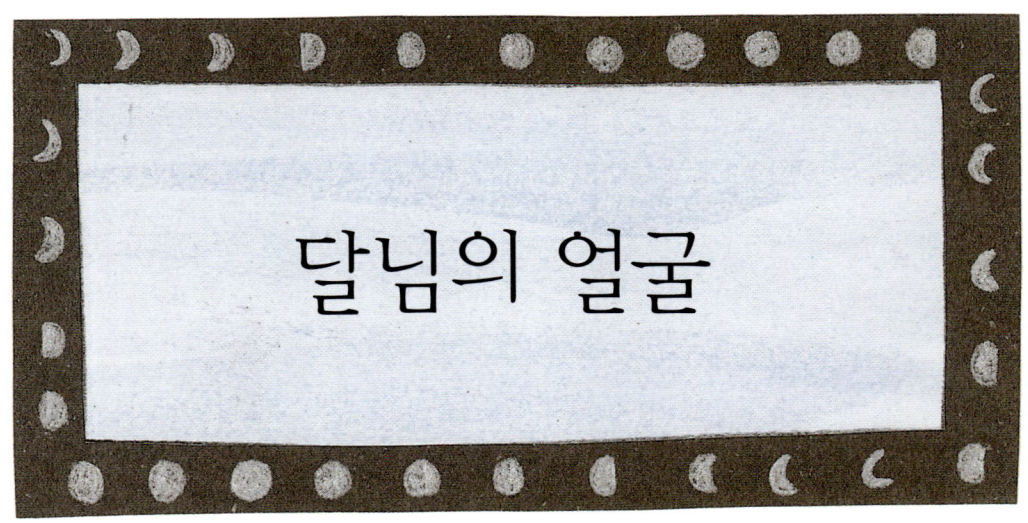

달님의 얼굴

맑은 호수는 지구의 눈동자입니다.

조용한 밤이 되자 이 눈동자에 아름다운 달님이 비칩니다.

그러니까 지구가 어느덧 하늘에 뜬 달님을 보고 있는 것입니다. 달님은 둥근 얼굴로 밝고 부드러운 은백색 빛을 뿌리고 있습니다.

"정말 아름답네요, 달님!"

지구가 칭찬했습니다.

"그래요?"

달님은 아주 만족스러웠습니다.

"별님과 견주어서 누가 더 아름다운가요? 말해 보세요."

달님은 지구가 답도 하기 전에 중얼거립니다.

"별은 너무 작고, 또 너무 어두워. 당연히 내가 더 예쁘지!"

별은 실제로는 매우 크지만 지구와 너무 멀리 떨어져 있어서

작고 어두워 보인다는 것을 달님은 모르고 있어요.

며칠이 지나자 지구는 달님의 얼굴이 수척해진 것을

발견했습니다.

달님도 지구의 눈동자에 비친 자신의 얼굴

한쪽이 이지러진 것을 보았습니다. 결국 밤마다 점점 더

수척해지더니 이제는 은색의 가락지 반쪽 모양으로 변해

버렸습니다.

"그렇지만 내 얼굴은 조금도 변하지 않았어요."

달님은 자신의 둥근 얼굴을 어루만지며

지구에게 물었습니다.

"당신의 눈동자에 비친 내 모습이 왜 진짜 내 모습과
다르지요?"
"그건 아마 태양이 당신을 비춰 주기 때문일 거예요.
다른 것은 나도 자세히 몰라요."
이 말을 들은 달님은 태양을 원망하기 시작했습니다.
그러자 태양이 생각했습니다.
'달은 아무것도 모르는군! 사실을 알게 해 줘야지!'
태양은 곧 깊이 숨어 버렸습니다. 그래서 세상은 춥고
어두워졌습니다. 달님은 공중에서 비명을 질렀습니다.
"내 모습이 안 보여!"
달님은 지구의 눈동자 속에서 자기 모습을 찾았지만 아무리
찾아도 보이지 않았습니다.

하늘에는 별들만 여전히 반짝반짝 빛났습니다.
달님은 부끄럽고 또 후회스러웠습니다.
"저기 멀리 있는 별은 보기에는 비록 작지만 저렇게 영원히
빛을 내고 있는데……. 나는 빛을 내지도 못하는 주제에
내게 빛을 주는 태양을 왜 원망했을까!"
태양은 달님이 후회하는 것을 알고는 빙그레 웃으며
곧 돌아왔습니다. 그러자 모든 것이 정상으로 돌아왔습니다.
지구는 다시 큰 눈을 뜨고 하늘을 바라봅니다.
달마다, 해마다 지구의 눈동자에 비치는 달은 둥그레졌다가는
다시 이지러지고, 이지러졌다가는 다시 둥그레집니다.

태풍이 휴가를 떠났어요

'씽씽' 태풍이 몰려온다! 태풍이 몰려온다!

태풍이 바다에 휘몰아칩니다.

하얀 거품을 일으키며 파도가 사납게 넘실거립니다.

태풍이 육지로 몰아칩니다.

먼지가 일고, 나무가 꺾이고, 집들이 허물어집니다.

그리고 하늘에서는 시커먼 구름이 소용돌이치고,

번개가 치고, 천둥이 울립니다.
'태풍은 못됐어. 만약 이 세상에서 태풍이 없어진다면
얼마나 좋을까?'
꼬마 돌이가 태풍에 꺾여 나자빠지는 나무들과
쓰러지는 곡식들을 바라보며 생각에 잠겼습니다.
그날 꼬마 돌이는 못된 태풍 때문에 제대로 잠을 잘 수가
없었습니다.
새벽녘이 되어서야 태풍이 점점 힘이 빠지면서 땅은 평온함을
되찾았고, 꼬마 돌이도 깊은 잠에 빠져들었습니다.
꼬마 돌이는 태풍이 동남쪽 바다 위 하늘에서 일어난다는
선생님의 말씀을 들은 적이 있습니다.
지금 돌이는 태풍을 찾으러 동남쪽으로 가고 또 갔습니다.
아무것도 보이지 않는 크고 넓은 바다에서 돌이는 바람이
점점 강해지는 것을 느꼈습니다.
바람은 더욱더 거세어져 곧 배가 엎어질 것만 같았습니다.
꼬마 돌이는 있는 힘을 다해 버티고 서서는 하늘을
올려다보았습니다.

하늘에는 무시무시하게 생긴 먹구름이 빠르게 움직이고 있었습니다.

먹구름이 먼저 돌이에게 말을 걸었습니다.

"이봐, 꼬마 친구! 이름이 뭐지? 여기서 무엇을 하고 있지?"

먹구름의 목소리는 생김새와 달리 상냥하고 부드러웠습니다.

"나는 돌이고, 태풍을 찾고 있어. 태풍을 만나면 다시는 찾아오지 말아 달라고 부탁하려고."

"왜 태풍보고 오지 말라고 하지?"

"태풍은 우리 집과 나무와 곡식을 쓰러뜨리니까."

"좋아! 그렇지 않아도 나도 힘들어 죽을 지경인데 잘됐어.

당장 태양 할아버지께 부탁해서 몇 년 휴가를 얻어야지."
"엉? 그럼 네가 태풍이야?
그래, 네가 그렇게만 해 준다면 정말 고맙겠어."
마침내 태풍이 휴가를 떠났습니다.
그러자 햇볕이 마음껏 대지에 내리쬐었습니다.
그런데 태풍이 휴가를 가 버리고 나자 웬일인지 불볕더위가
찾아왔습니다.
땅의 온도는 자꾸만 올라가고, 1년이 지나고 다시 1년이
지나자 냇물이 마르고 나무들이 시들시들 말라 죽었습니다.
사람들은 저마다 더위를 쫓으려 부채를 열심히 부쳐 댔지만
소용이 없었습니다.
그런데 어느 날, 꼬마 돌이네 집 대문이 '콰당' 하고 열리면서
동물들이 떼 지어 몰려왔습니다.
돌이가 살펴보니, 남극의 신사 펭귄도 있고, 북극의 왕
북극곰도 보이고, 열대 지방 호랑이, 표범, 원숭이,
멧돼지도 있었습니다.
그런데 무슨 일일까요? 동물들은 하나같이 화가 잔뜩 나서

으르렁거리고 있으니 말이에요.

천하장사 코끼리가 앞으로 나서더니 돌이를 코로 말아 공중에서 대롱대롱 흔들었습니다.

돌이는 너무 놀라 부들부들 떨었습니다.

"너희, 이, 이게 뭐하는 짓이야!"

돌이가 더듬거리며 말했습니다.

"너는 왜 태풍을 쫓아 보냈지?"

사자가 날카로운 이빨을 드러내며 말했습니다.

"그거야 태풍이 우리에게 해를 끼치니까 그랬지."

돌이가 변명하듯 허둥대며 말했습니다.

"하지만 태풍은 우리 열대 지방의 뜨거운 열을 다른 지방으로 보내 준다고!"

코끼리가 긴 코를 흔들며 말했습니다.

"북극과 남극은 태풍이 휴가를 가 버리는 바람에 우리조차 살 수 없을 만큼 더 추워졌어.

태풍이 따뜻한 열을 우리 북극과 남극으로 실어다 주는 걸 너는 몰랐니?"

펭귄과 북극곰이 입을 모아 말했습니다.
"우리 사막도 태풍이 없으니까 점점 더 뜨거워지고 있어!"
낙타도 말했습니다.
동물들은 아우성을 치고, 돌이는 정신이 하나도 없었습니다.
돌이는 동물들을 돌려보내느라 진땀을 뺐습니다.
돌이는 다시 태풍을 찾아가서, 어서 휴가를 마치고 돌아오라고
부탁하겠다고 동물들에게 약속해야 했습니다.
"태풍아, 다시 돌아와 줘! 태풍아, 제발 돌아와 줘!"
돌이는 자기 잠꼬대에 놀라 잠에서 깨어났습니다.

'아, 꿈이었구나!'
돌이는 눈을 비비고 창밖을 내다보았습니다.
시냇물이 뿌연 황토물로 변해 넘칠 듯 흘러갑니다.
쓰러졌던 곡식들도 다시 머리를 세우고,
나뭇잎도 반짝반짝 빛나고 있네요.

낮에는 해, 밤에는 달

지구는 태양 둘레를 도는 세 번째 행성이에요.
달은 지구 둘레를 도는 위성이지요. 태양과 달은 우리가 사는
지구에 가장 큰 영향을 끼치는 천체들이에요.

달은 지구에서 떨어져 나간 조각이 지구의 중력에 묶여
지구 둘레를 도는 위성이에요. 달은 지구를 한 달에 한 바퀴 돌지요.
사람들은 달의 변화를 보고 시간에 관해서 깨닫게 되었어요.

달은 지구를 끌어당겨요. 달의 중력은 지구에서
달 바로 아래에 있는 물을 끌어당기고, 지구
반대쪽에 있는 육지는 물에서 멀어지게 해요.
그래서 바다에는 밀물과 썰물이 생기지요.

달의 영향으로 생기는 밀물과 썰물의 차이로
일어나는 힘을 이용해 에너지를 만들어요.
이것을 조력 발전이라고 해요.

밀물과 썰물이 있기 때문에 갯벌이 생겨요.
갯벌은 생태계에서 아주 중요한 몫을 하며
바닷물과 하천을 깨끗하게 만들기도 해요.

태양은 지구의 130만 배나 되는 거대한 별이에요. 티끌과 가스로 이루어진 구름에서 생겨나 중심부에서 수소를 태우기 시작하면서 지금처럼 빛을 내는 별이 되었어요.

중심부 온도는 섭씨 약 1500만 도 표면 온도는 섭씨 약 6000도예요.

태양 광선 중 대부분은 우주 공간으로 사라지지만 지구에 도달한 빛과 열은 생명체가 살 수 있도록 에너지를 제공해요. 태양의 빛과 열이 없다면 지구에는 어떤 생물도 살 수 없어요. 지구의 기상 현상을 만드는 것도 태양이에요.

햇빛 때문에 물이 증발해 구름이 돼요.

햇빛은 사람과 동물에게 꼭 필요한 영양소인 비타민을 만들어 주어요.

식물은 햇빛을 받아 에너지와 산소를 만드는 광합성 작용을 해요.

숙제 도우미

우리 몸에 꼭 필요한 영양소가 들어 있는
음식들이에요. 또 지구 속에 숨어 있는 화석과
암석들이에요. 사진 뒷면에 나온 정보를 보면
각각의 특징을 알 수 있어요.
한 장씩 오려서 숙제할 때 활용하세요.

암모나이트 화석

오징어와 같은 종류의 옛날 생물이에요.

채소류

채소류에는 비타민과 미네랄이 많아요.

우리 몸을 튼튼하게 해 주는 음식은 어떤 것일까요?

교과 과정 1-1 4. 건강하게 생활해요 1-2 1. 나의 몸 6-1 3. 우리 몸의 생김새

단백질

채소류

발효 식품

견과류

칼슘과 철분

과일

당근, 오이, 호박 같은 채소에 많은 엽록소에는 효소와 비타민, 미네랄이 풍부하고 섬유소가 많아 우리 몸을 튼튼하게 하지요.

채소류

콩과 두부, 지방을 없앤 고기나 생선에 많이 들어 있는 단백질은 우리 몸의 근육과 조직을 만들어요.

단백질

땅콩, 호두, 밤 등 견과류에 많은 비타민E와 오메가3 지방이 머리를 좋아지게 하고 혈액 순환을 도와요.

견과류

김치, 된장, 요구르트 같은 발효 식품에는 비타민과 미네랄이 풍부하고 유산균이 많아 장을 튼튼하게 해요.

발효 식품

과일에 많이 들어 있는 비타민과 무기질은 우리가 활동하고 몸이 균형 있게 발달하도록 도와주어요.

과일

우유와 치즈, 달걀, 멸치에 많은 칼슘과 철분은 뼈를 튼튼하게 하고, 어린이들에게는 키가 자라게 해요.

칼슘과 철분

우리 몸에 좋은 음식과 나쁜 음식이 있어요.
어떤 것이 있는지 살펴볼까요?

교과 과정 **1-1** 4. 건강하게 생활해요 **1-2** 1. 나의 몸 **6-1** 3. 우리 몸의 생김새

김치

햄버거

청국장

라면

고등어

탄산음료

빵과 고기를 주재료로 만든 햄버거는 나트륨, 포화 지방이 많아요. 특히 칼로리가 높아 몸속에 지방이 쌓여 뚱뚱해져요.

햄버거

김치에는 젖산균, 무기질과 비타민이 풍부해요. 발효 과정에서 만들어진 젖산균은 장을 튼튼하게 해요.

김치

밀가루로 만든 면을 기름에 튀긴 라면은 열량이 높아 많이 먹으면 뚱뚱해져요. 단백질, 칼슘, 비타민 등 성장기에 필요한 영양소은 부족하지요.

라면

청국장은 바실러스균이 번식하면서 발효 식품이 되어요. 바실러스균은 발암 물질을 줄이고 해로운 물질을 몸 밖으로 내 보내요.

청국장

탄산음료에 들어 있는 식품 첨가물은 뼈를 약하게 하고 키가 자라는 것을 방해해요. 설탕도 많이 들어 있어 이를 썩게 하지요.

탄산음료

등 푸른 생선 가운데 하나인 고등어는 뇌세포 활성 물질인 DHA가 많아 특히 자라나는 어린이들에게는 좋아요.

고등어

땅속에는 화석과 암석을 비롯해 많은 것들이 있어요. 무엇이 있을까요?

교과 과정 4-2 2. 지층과 화석 5-2 4. 화산과 암석 6-1 4. 여러 가지 암석

공룡 화석

암모나이트 화석

철

구리

다이아몬드

석탄

103

암모나이트는 지금은 멸종되었어요. 6500만~3억 9500만 년 전 지층에서 화석으로 발견되어요.

암모나이트 화석

오래전 지구에서 사라진 공룡 화석이에요. 화석을 조사하면 옛날 지구에 살았던 공룡의 생김새와 생태를 알 수 있어요.

공룡 화석

구리는 얇게 펴지고, 가늘고 길게 늘어나 가공하기 쉬운 금속이에요. 전선 재료나 동전, 악기를 만드는 데 쓰여요.

구리

지구에서 많이 나는 금속 철은 단단해서 칼 같은 도구부터 건물, 다리와 같은 건축물의 재료로 많이 쓰여요.

철

석탄은 먼 옛날 땅속에 묻힌 식물이 열과 압력을 받아 변해서 생긴 암석이에요. 불에 잘 타기 때문에 연료로 많이 쓰여요.

석탄

다이아몬드는 빛깔이 아름다워 보석으로도 인기가 많고, 광물 가운데 가장 단단하기 때문에 공업용으로도 쓰여요.

다이아몬드